우리, 수작할까요

우리, 수작할까요

배공순 수필집

수필과비평사

| 첫 글집을 내며 |

고샅을 나서면 푸른 논밭이 끝없이 펼쳐지곤 했습니다,
달 밝은 강변을 달리며 찔레꽃향에 취하고
연보라 쑥부쟁이 핀 들녘에서 서정을 키웠지요.
살랑살랑 뒤채는 숨탄것들의 몸짓을 따라 조금씩 자랐습니다.

공직을 마무리하며 자신에게 준 선물이 수필쓰기입니다.
구슬이 서 말이라도 꿰어야 보배라는 말을 핑계 삼아
주섬주섬 갈무리해 두었던 보자기 끈을 풀자니 부끄러움이 앞섭니다.
세모, 네모, 동그라미들, 삶의 출렁임이 고스란해서지요.
사색의 깊이와 글맛의 유려함이
가문 날 조약돌을 넘는 강물만 같으니까요.

늘 이쁜 사람이라 어루만져 주시는 어머님,
말없이 다순 눈빛으로 바라보는 짝꿍,
드레지고 미쁜 사위와 딸, 살갑고 슬기로운 아들,
인연의 울안에서 내게 삶의 윤기를 더해주는 소중한 지인들,
꽃을 감싸는 꽃받침 같은 분들이기에 감사와 존경을 바칩니다.

이제, 첫 글집을 용기 내어 펴 보입니다.
미당 선생이 읊었듯이
저기 저기 저, 가을 꽃자리
초록이 지쳐 단풍 드는데…
우리, 수작 한번 하시지 않을래요?

2025년 가을　배 공 순

| 차례 |

| 첫 글집을 내며

제1부   우리, 수작할까요

천사섬 순례길 … 12
사물놀이 … 16
윤도를 아시나요 … 22
구피와 다슬기 … 28
보안여관 … 33
한양도성, 낙산길을 걷다 … 37
우리, 수작酬酌할까요 … 41
토란국을 끓이며 … 46
J의 귀향 … 50
꼬막 예찬 … 55

제2부 그립다, 어린 시절

알람브라궁의 추억	⋯ 60
오진암과 무계원	⋯ 64
그립다, 어린 시절	⋯ 70
같이 갑시다	⋯ 75
임곡역을 지나며	⋯ 80
삼투	⋯ 84
홍시	⋯ 90
연둣빛 새순	⋯ 94
여기서 이러시면 안 됩니다!	⋯ 99
참을성 없는 여자	⋯ 103

제3부   어머님의 색종이 상자

앵두나무 그 집	… 110
어머님의 색종이 상자	… 115
며느리에 대하여 경렛!	… 120
뽕뽕다리	… 125
보리 새싹, 호박 찰떡	… 130
축, 외상	… 134
상추 전	… 139
손수레	… 142
티키타카	… 147
굴밭에 앉아	… 152

제4부 옷을 벗다

남자들, 요리하다	⋯ 158
쪽지 둘, 편지 한 통	⋯ 163
한 상에 둘러앉아	⋯ 168
마늘을 까며	⋯ 172
옛집	⋯ 177
동치미를 담그며	⋯ 182
우리라도	⋯ 187
배추를 이겨라	⋯ 193
옷을 벗다	⋯ 199
선운사 꽃무릇	⋯ 203

| **평설** | 手作 秀作 酬酢 – 박영진 문학평론가 ⋯ 207 |
| **발문** | 인간에 대한 따듯한 연민 ⋯ 223 |

제1부

우리, 수작할까요

천사섬 순례길

 섬과 섬이 이어지고 포개지다가 멀어진다. 신안의 천사섬에 가는 길이다. 새벽안개를 가르며 송공항에 이르니 우람한 천사대교가 오가는 배를 내려다본다. '대기점도'로 가는 배에 오른다. 꽃을 뿌린 듯 흩어진 섬들은 저마다 하얀 포말에 둘러싸여 꽃잠에 빠져 있다.
 섬이 1,004개여서 천사섬이란다. 섬사람들은 그 많은 섬 중 병풍도에 딸린 다섯 개를 묶어 '새끼 섬'이라 부른다. '대기점도, 소기점도, 소악도, 진섬, 딴섬'이 그것으로, 이들을 이은 것이 십이사도 순례길이다. 두어 명이 들어가면 꽉 차는 열두 개의 교회는 십이 킬로미터의 답사길로 굽이굽이 이어진다.
 새벽 배를 놓칠세라 동동거린 탓인지 선실 뜨끈한 온돌 바닥이 등에 착 붙는다. 바다의 숨결은 울렁출렁 등줄기를 쓸며 유혹하지만, 섬이 그리는 스카이라인에 이끌려 뱃전으로 나선다. 배는 서너 섬을 돌아 사람들을 내리고 태우며 대기점도에 닿는다.

하얀 벽에 코발트색 지붕을 한 '베드로의 집'이 마중 나왔다. 작지만 눈부신 교회가 순례길의 시작이었다. 열두 제자의 이름을 붙인 예배당은 저마다 부제를 달고 있었다. 건강의 집, 그리움의 집, 행복의 집, 사랑의 집…. 찰랑대는 바다를 배경으로 금색의 돔을 이어 화려하거나 산모퉁이에 조촐하게 선 목조 교회들이다. 저마다 독특한 외양이 아름답고 소박하면서도 성스러웠다. 갯벌을 끼고 가다 빨간 지붕을 인 마을을 만났다. 맨드라미의 붉은 언덕을 지나 연노랑 초가을 논밭 길을 걷고 걸었다.

섬이 마주 보고 선 갯벌 끝에는 노둣길이 이어졌다. 물때를 놓치면 건너지 못하는 노둣길은 썰물에 왕래하기 편하도록 돌을 쌓아 연결했다. 섬과 섬의 사람이 오가고 인연이 오가고 많은 이야기가 노둣길로 이어졌으리라. 노둣길은 썰물에 길이 열리고 물이 들면 넘실넘실 바닷물에 잠겼던 길이다. 지금은 자동차도 달릴 수 있도록 넉넉하고 평탄한 길로 바뀌었다. 딴섬으로 가는 길만이 자연 그대로의 모래밭이다.

딴섬에는 지혜의 집 '가롯 유다 교회'가 있다. 뾰족지붕에 붉은 벽돌로 쌓은 건물은 밀물이 차오르면 출랑대는 바다에 둘러싸여 오도카니 홀로 서 있다. 은화 삼십 냥에 예수를 팔아넘긴 배신자였 기에 이렇듯 작은 섬에 가둔 것일까. 나선형으로 꼬인 종탑 기둥이 눈길을 끈다. 고통스러운 유다의 마음 같기도 하고 보는 이의 생각을 표현한 듯도 하다. 베드로의 집에서 첫 종을 치며 시작을 열었듯, 이곳에서는 열두 번의 종소리로 순례를 마무리한다. 바다로 퍼져나가는 종소리가 솔바람에 가뭇없다.

"쏴아 쏴아~" 저만치서 바닷물이 밀려오는 소리에 숨이 차도록 달음박질을 쳤다.

언제부터 대나무 숲길 끝에 서 있었는지 반달처럼 굽은 허리에 지팡이를 짚은 할머니가 웃으며 말을 걸었다.

"뭐시 그리 바쁘다요? 요참에 못 나오면 바다가 열어줄 때 나오면 되제"

겨울 억새처럼 거칠고 허연 머리카락이 해풍에 흩날렸다. 들고 나는 물때에 맞춤해 사는 느긋함이랄까. 바닷길의 닫힘은 열림의 전주임을 믿는 그 소곳함에 마음이 안온해진다. 바람결에 사그락대는 대나무 숲길을 되짚어 걸었다.

천사섬 순례길, 그림 같은 풍경에 이끌려 왔으나 어쩌면 쉼표가 필요했는지 모를 일이다. 뒤돌아보니 질퍽한 노둣길을 지나 가풀막을 휘이휘이 오르기도 했고, 유채꽃과 보리밭이 펼쳐진 싱그러운 오솔길을 지나기도 했다. 고락으로 바느질한 조각보 같은 지난날이 이제는 다슬기처럼 뭉그적거려도, 바쁠 것 없는 우보牛步를 흉내 내도 좋다며 내 등을 가만히 도닥인다.
   선미를 가르는 물보라와 꽃잎처럼 파여있는 섬들에 붉은 노을이 내린다.

사물놀이

숨 쉴 틈을 주지 않고 몰아치는 현란한 몸짓, 가슴을 후비는 판소리에 소름이 돋았다. 불과 일곱 살 나이로 전국농악 경연대회에서 대통령상을 받고 장구 신동으로 불렸다는 김덕수 명인, 그의 발재간과 장구 소리는 이 세상 것이 아니었다.

이십 년도 더 지난 것 같다. 「공감」이라는 이름의 그 공연을 본 것이. 명창 안숙선과 김덕수 풍물 명인이 함께 꾸린 무대였고, 사물놀이로 맺을 때까지 신명으로 가득했던 뜨거운 여운이 오래도록 남아 있다.

쇠와 가죽으로 만든 사물四物놀이의 악기는 조촐하다. 크지도 화려하지도 않은 생김이 첼로나 피아노에 비하면 되레 초라해 보이까지 한다. 그러나 소리를 내기 시작하면 달라진다. 먼저 "두둥! 두

둥!" 힘차게 북이 열어젖히면 이어 들릴 듯 말 듯 가랑비 같은 장구 가락이 리듬을 탄다. 무지근하게 받쳐주는 징과 함께 쨍쨍한 꽹과리가 합세하여 변화무쌍하고 거침없는 바람처럼 몰아치며 청중을 휘어잡고 만다.

 사물은 서로 주고받으며 엉키고 밀치면서도 끌어당기는 절묘한 멋이 있다. 그 소리를 따라 듣는 사람의 피돌기와 심장 박동은 점차 빠르고 거세진다. 온몸이 빨려들 듯 집중시키는 기막힌 장단, 저 밑바닥의 신명을 깨우고야 마는 구성진 음악이 바로 사물놀이다.

 원래 사물은 불교 의식에 쓰이는 목어木魚, 운판雲板, 법고法鼓, 범종梵鐘을 이르는 것이었으나, 사물놀이의 네 악기를 가리키는 말로도 쓰고 있다. 자연현상에 빗대어 장구는 비를, 북은 구름을, 꽹과리는 천둥을, 징은 바람을 상징한다. 이보다 적절한 비유가 있을까.

 인사동 골목에 '달항아리'라는 한정식집이 있었다. 예인들의 단골집으로 남도 음식이 맛깔난 데다 단아한 소리꾼 여사장에 끌려 자주 갔었다. 꼬막무침에 막걸리 한잔을 홀짝이고 양 볼이 볼그족족해지면 여사장은 치맛자락을 올려잡으며 장구를 안고 나타난다. "아리아리랑 스리스리랑 아라리가 났네이헤히아~" 혀를 감아 부르는 듯한 구성진 선창을 따라 진도아리랑을 함께 부른다. 여사장

손끝을 따라 돌아가며 즉석에서 가사를 바꿔 부를 땐 어설픈 노랫말에 웃음보가 터지기도 한다. 이내 신바람이 오르고 장구 소리가 소낙비 같은 사물 가락으로 넘어가면 손장단을 쳐가며 움쭉움쭉 흥에 겨웠다.

그날도 달항아리에서 저녁을 먹던 중이었다. 장지문을 사이에 둔 옆방에서 호쾌한 말소리가 들렸다. 김덕수 명인이었다. 살짝 장지문을 열었더니, 마침 같이 있는 분이 잘 아는 인사동 터줏대감이었다. 그분은 깜짝 놀라며 나를 잡아끌었다. 명인도 흔쾌히 환영하는 눈치여서 셋이 한 상에 둘러앉았다. 희끗희끗한 짧은 머리에 장난기 가득한 눈빛이 형형했다. 입담 좋은 명인 주도로 즐거운 대화가 오가고 유쾌한 웃음소리가 섞여들었다. 한껏 오르던 분위기가 막바지에 이르자, 명인이 사물놀이 창시자임을 알고 있던 참이라 궁금한 것을 물으며 다가앉았다.

"선생님, 사물놀이가 처음 나왔을 때 모두 깜짝 놀랐잖아요. 아무도 상상하지 못했던 것인데, 어떻게 창작하셨을까요?"

"아, 그게요. 70년대는 큰 시위가 참 많았지요. 앞에서 풍물패가 마당놀이를 한바탕하면 분위기를 달구는데 최고였잖아요. 그래선지, 데모대 앞잡이라며 일시에 금지령을 내린 거예요."

그때가 떠오르는 듯 막걸리 한 사발을 쭉 들이켰다. 젓가락으로 통통한 굴전을 집으며 말을 이었다. 이 궁리 저 궁리 많은 밤을 지새웠단다. 그러다가 번뜩 생각난 것이 까짓것 마당에서 못 뛰게 하면 안에 앉아서 놀면 되지 싶었고, 고심 끝에 완성된 것이 사물놀이였단다. 첫 무대에 올리기까지 동지들과 함께였고 혼자 해낸 일은 아니라며 "허허허" 웃었다.

 농악 풍물패 중에는 앞치배와 뒷치배가 있다. 앞치배는 맨 앞줄에서 꽹과리, 장구, 소고, 북과 같은 여러 악기를 연주하고 뒷치배는 양반이나 각설이 복장으로 춤을 추며 따르는 패거리다. 그 앞치배가 연주하는 여러 악기 중 네 가지를 골라 만든 것이 사물놀이였다니, 막히는 곳을 만나면 새길을 찾아 돌아가는 물처럼 지혜롭고 절묘한 선택이었다.

 사물놀이의 사물은 모양도 소리도 다르면서 자연스럽게 어우러진다. 오순도순 한집에 사는 대가족을 보는 듯하다. 추상같은 쇳소리로 팀을 끌어가는 꽹과리는 꼿꼿한 조부가 집안을 다잡는 것과 닮았고, 듬직한 울림으로 장단의 중심에 선 북은 영락없는 아버지와 같다. 은은한 징 소리는 한결같이 자식을 감싸주는 품 넓은 어머니요, 구성진 장구 소리는 천방지축 뛰노는 자식들만 같으니 말이다.

몇 년 전 김덕수 전통연희패가 벌이는 공연을 관람한 적이 있다. 장구만으로 무대를 꽉 채운 새로운 시도가 놀라웠다. 김덕수 명인과 삼십여 명의 여성 장구재비가 치는 정갈한 소리는 마치 한 사람이 치는 것 같았다. 궁글채와 열채를 치는 동작에 한 치의 어긋남도 없어 보였다. 왼손잡이 김덕수 명인의 손짓만 대칭을 이룰 뿐, 역동적이거나 섬세하거나 한결같이 아름다웠다. 몰입한 채 군무를 이루는 연주자의 표정과 몸짓은 한복의 고운 색과 선을 만나 공연에 품격을 더했다.

현란한 장구 연주가 끝나자 사물 가락이 이어졌다. 숨죽인 채 빠져들었던 사람들이 얼쑤! 좋다! 추임새를 연발하며 들썩들썩 둥싯거리기 시작했다. "덩따궁따따 궁따따궁따, 궁따따궁따따 궁따따궁따따" 이윽고, 반복되는 가락이 고조되며 절정으로 향하자, 모두는 어느새 조부가 되고 아버지가 되고 어머니와 자식이 되어 시간도 공간도 잊어버린 듯 하나가 되었다.

사물놀이는 공연장이 어디든, 관객이 누구든 있는 그대로 품 안에 그러안는다. 공연하는 이가 넷이어도 여섯이어도 좋아서, 많든 적든 하나 되어 녹아든다. 재즈나 클래식, 힙합에 트로트까지 장르를 가리지도 않는다. 발원이 다른 여울이 모여 큰 내를 이루듯, 흔연스레 받아들이며 두루 조응할 뿐이다.

이렇듯, 사물놀이는 우리네 신명으로 벽을 허무는 포용의 명수요, 진정한 어울림의 귀재가 아닐까 싶다.

윤도를 아시나요

고창에서 정읍으로 가다 보면 〈윤도장전수관〉이라는 표지판을 만난다. 윤도장은 대체 무엇일까. 궁금해서 길을 나선다. 읍내를 벗어나자 훤칠한 소나무 가로수 사이로 사방이 푸릇푸릇하다. 큰길에서 2차선 조붓한 길로 접어든다. 풍경이 바뀐다. 길옆으로 진분홍 꽃망울을 펼친 배롱나무가 즐빗하다. 반듯하게 이어진 논이랑에는 연둣빛처럼 착한 벼꽃이 실하게 피었다.

소박한 교회와 아담한 초등학교를 지난다. 저만치, 나지막한 제성산 자락에 터 잡은 낙산마을이 다가온다. 풍경이 사뭇 평화롭다. 담장에 능소화가 낭창한 집, 살림집과 겸해 있는 윤도장전수관으로 들어선다. 대문 앞 기세 좋은 소나무와 한옥에서 범접할 수 없는 기운이 흐른다. 인기척에 한복을 차려입은 이가 마당으로 나온다.

　무형문화재 제110호 김종대 윤도장輪圖匠, 윤도 장인이다. 어깨는 구부정하지만, 빛나는 은발에 강건한 모습이 아흔둘이라고는 믿기지 않는다. 정원의 나무들 사이로 사백 살 대추나무가 우뚝하다. 깊은 주름과 굵고 듬직한 나무둥치가 웃는 어른과 닮았다.

　윤도장이 만드는 바퀴 그림, 윤도輪圖란 무엇인가. 쉽게 말해 지남철이다. 지남반 혹은 패철로도 불린다. 철을 끌어당기는 힘이 있는 자침磁針을 가운데 꽂은 둥그런 나침반이다. 풍수 보는 이가 지맥과 명당을 가늠할 때 사용하는 바로 그것이 윤도다.

　우리나라에서 윤도는 언제부터 쓰였을까. 삼국시대에 윤도 구성에 중요한 천문학이 융성했고, 고구려 고분벽화 〈산신도〉에 윤도를 든 산신이 나온 걸 보면 그전부터 이미 사용했음을 알 수 있다. 중국에서 《주역》이 들어오고 통일신라 말 풍수도참 사상이 발달하면서 윤도는 지상을 살피는 중요한 도구로 자리 잡았다.

　조선 시대에 접어들자, 풍수가들의 전유물이던 윤도의 쓰임새가 다양해졌다. 타국에서 표류해 온 이들에게 윤도를 주어 돌아가게 할 만큼 뱃사람들이 많이 썼다. 낯선 곳을 유람하는 여행자도 몸에 지니고 다닐 만큼 퍼졌으니, 천문학자에서 일반인까지 널리 쓰게 되었던 것. 사대부들은 휴대용 해시계에 매달거나 거울에 윤도를 붙인 '면경'을 사용했다. 섬세하게 조각한 작은 윤도를 부채에 매단 '선추'로 풍류를 즐기기도 했다. 실용과 멋으로 두루 사용한 생활 과학 도구였던 셈이다. 그러던 게 서구문물이 유입되면서 점차 잊혔다.

'낙산'은 국내 유일의 윤도 마을이다. 《주역》에서 '하도낙서'라 하는, 거북이가 솟아나는 형상이어서 얻은 이름이다. 마을 역사가 오백 년인데 윤도 역사가 사백 년에 가까운 독특한 동네다. 전 씨가 처음 들어와 살았고 윤도의 시작 또한 그로부터였다. 그러다 서 씨와 한 씨를 거쳐 김씨 가문에서 받아 4대를 이어 현재에 이른다. 특이한 건, 가문이 바뀌어도 쓰던 도구와 재료를 고스란히 전하는 전통이다. 제작 도구를 누가 물려받았냐에 따라 전승 계보가 명확해진다. 마치 왕가의 옥새처럼 도구는 윤도장의 정통성을 확보하는 증거인 셈이다.

전수관 2층으로 올라가다 지름 1m가 넘을 법한 대형 윤도와 마주 섰다. 순간, 가슴이 쿵, 하고 울렸다. 완전한 수작업으로 3~4개월 밤낮 새기고 만들어야 가능한 대작이라고 했다. 더군다나 밑그림도 없는 상태에서 먹칠을 검게 입힌 대추나무에 곧바로 조각도로 새긴단다. 웬만한 내공으로는 엄두를 내지 못했으리라.

"윤도는요. 24방위를 기본으로 음양오행, 팔괘, 십이지간, 24 절후가 조화를 이루며 배치되어 있그등요. 동양철학의 집합체라 할 수 있는디, 십 년 이상 주역을 공부해야 맨들 수 있어요. 풍수가 갖고 댕기는 것은 아홉 줄짜리지만, 큰 것은 스물네 겹 동심원에 삼천 자가 들어 가거등요. 윤도는 공부가 부족하고 끈기나 집중력이 없으믄 헐 수가 없어요. 그런 연유로 가문을 옮겨 이어온 거지요."

지난날의 힘겨움이 떠오른 듯 잠시 무릎을 매만졌다.

"검은 바탕에 새겨서 나중에 백옥 돌가루를 입히는디, 흰 글자가 선명하게 드러나 아주 이쁘지요. 그리고, 좋은 윤도를 맨들라믄 이삼백 년 이상 된 대추나무를 십 년 넘게 말린 담에 써야 되그등요. 남도 지방 나무는 물러서 못써요, 보령이나 보은에서 나는 것이 단단해서 그것만 쓰는디 그것도 요새는 구하기 참말로 심들어요. 썩어서 비어버리는 나무가 많아서요."

어른은 차분하게 설명을 이어가며 전수관 작업실로 들어섰다. 수북이 쌓인 나뭇가루 더께와 셀 수도 없는 대추나무 쪼가리가 보였다. 손때 묻어 반들반들한 데다 날이 닳은 밀칼과 조각도 등 쌓인 도구 더미가 지난날을 증언했다. 그곳에는 수백 년 세월의 인내와 작품에 대한 고심이 배어있을 터였다. 흘린 땀방울이 얼마만큼일지 가늠할 수 없는 무게에 가슴이 뭉클했다. 내 마음을 알았는지 어른은 깊숙한 곳에 보관 중이던 나무상자를 조심스레 꺼냈다.

대대로 내려온 가보로 하늘에서 날아온 운석이었다. 윤도의 화룡점정은 침을 박는 건데, 운석이 결정적인 일을 한다. 운석에 하루 정도 쇠침을 얹어두면 전기가 흘러들어 자침이 되고, 그로부터 영구히 남북을 가리킨다니 신기하다. 어른의 허락을 받아 운석을 손에 쥐어 본다. 서늘하고 무끈하다. 광활한 우주와 접속하듯 묘한 기운이 몸으로 흘러든다.

어른은 제작이 끝난 윤도를 들고 뒷산으로 이끌었다. 동서로 엎드린 거북바위가 있고, 둥그런 등에는 구멍 일곱 개가 파여 있었다. 거북 등에 동서로 파인 홈과 직각이 되게 윤도를 조심스레 놓자, 자침이 정확하게 남북을 가리켰다. 윤도는 거북바위에서 검증을 마치면 완성이었다. 북두칠성이 새겨진 고인돌이어서 윤도의 탄생이 더 신비롭다. 주변에 이런 바위가 일곱 개나 더 있다니, 윤도 마을일 수밖에 없는 필연을 타고난 것인가.

한반도에 오직 하나인 윤도장전수관이다. 모르는 이가 태반이나 윤도가 가진 역사 문화적, 철학적 가치와 희소성으로 소중하기 이를 데 없다. 전통 윤도를 올곧게 지키며 예술적인 목공예를 가미해 새로운 디자인을 창조해 가는 윤도 장인이다. 한반도에 오로지 한 곳 뿐인 전수관을 한평생 지키고 있는 장인의 담담한 모습에서 고졸미가 배어난다.

그날 이후, 윤도가 머릿속을 맴돈다. 알 수 없는 글자를 가득 품은 스물네 줄이 둥글게 이어진다. 인생의 자침을 올곧게 꽂고 살아온 장인의 삶이 그 안에서 아름답게 빛난다.

구피와 다슬기

구피가 새끼를 낳기 시작했다. 새끼를 낳으면 수컷이 먹어버리기도 한다는 남편 말에 어머님은 서둘러 새끼를 따로 넣을 집을 어항 속에 걸었다. 가족들은 유리 벽에 머리를 맞대고 산실을 주시했다. 실처럼 가느다란 생명이 꾸무럭꾸무럭 잇따라 나왔다. 어머님은 새끼 여남은 마리를 조심스레 국자로 떠서 새끼집에 따로 넣었다.

거실 작은 어항에는 오십여 마리의 구피가 산다. 사촌 시누이 집에서 대여섯 마리를 데려온 지 십 년이 되어간다. 이집 저집으로 분양하는데도 번식력이 좋아선지 다시 채워진다. 수명이 이삼 년이라는데 대를 꾸준히 이어가는 셈이다.

구피는 다 자라야 오륙 센티에 불과하다. 가늘고 긴 몸은 송사리를 닮았다. 얼핏 거무튀튀해 보이지만 저마다 색깔이 다르다. 몸

통이 붉고 푸른색의 화려한 개체가 있는가 하면, 흐린 잿빛에 꼬리로 갈수록 검은빛을 띤 수수한 종류도 있다. 이들이 장난꾸러기처럼 까불대는 모습을 한동안 들여다본다. 몸에 두른 색깔이 다르듯 성질도 제각기 다른가 보다. 암컷의 배를 주둥이로 콕콕 건드리며 은근히 수작거는 놈이 있다. 어떤 녀석은 얌전한 구피를 향해 돌진하다가도 언제 봤냐는 듯 수초 사이로 휙 달아나 버린다. 그러다가는 다시 꽁무니를 따라다니는 걸 보면 물고기도 밀당을 아는 모양이다.

어머님은 구피를 좋아한다. 여러 가지 수초나 조약돌로 놀이터를 꾸며놓았다. 도자기 수저받침까지 넣어 쉴 곳을 만들어 주기도 한다. 어머님의 아침은 구피를 돌보는 것으로 시작한다. 일어나면 밤새 굳은 몸을 풀고 곧바로 어항으로 향한다. 손톱만 한 숟가락으로 먹이를 흩뿌린다.

"요것들이 밥 주는 할맨지 아는갑다." 하며 밥을 채가는 구피를 흐뭇하게 바라본다. 어항의 물을 갈고 물때 닦는 것도 귀찮아하지 않는다. 여행이라도 갈라치면 "구피 밥은 어쩌지?" 하며 맘을 놓지 못한다.

신록이 꽃보다 아름다운 어느 해 봄, 사촌들과 곤지암리조트에 간 적이 있다. 다음 날 아침 동이 트자 단지 내 숲길을 산책하러 나섰다. 개울에서는 원앙 서너 마리가 여울 속을 자맥질하며 부지런히 먹이를 채고 있었다. 차켜세운 꽁지의 퍼덕거림이 흥미로워 눈을 떼지 못하고 있을 때였다.

"언니, 다슬기 몇 마리 가져다 어항에 넣어보세요." 시누이가 옆에 앉으며 말했다.

눈빛으로 왜냐고 묻자 어항 물을 맑게 해준단다. 내가 머뭇거리는 사이, 시누이는 물속에 손을 넣어 열댓 마리를 잡아 건넸다. 돌바닥에 붙어 있던 다슬기는 부드러운 몸을 껍데기 속에 밀어 넣고는 꼼짝도 하지 않았다. 갑작스러운 외부의 습격에 다슬기는 나름의 경계 태세를 취한 것이었다. 미안한 생각이 들었지만, 집으로 데려왔다. 개울물과 함께 병에 든 다슬기는 숨도 쉬지 않는 듯했다.

"다슬기야. 여기가 네 집이란다. 잘 살거라."

말을 건네며 어항 속에 넣었다. 한동안 움직임이 없더니 잠시 후 촉수를 내미는 게 보였다. 새집에 대한 점검이 끝난 모양이었다. 다슬기는 천천히 움직였지만, 잠시도 가만있지 않았다. 유리 벽에서 보았다 싶으면 어느새 수초에 붙어 있곤 했다. 하천의 청소부라더니, 쉴 새 없이 이동하며 물때를 먹어 치웠다. 바닥에 깔린 자갈이든 새끼집이든 가리지 않는 것이 손끝 매운 아낙 같았다. 덕분에 다슬기를 데려온 후 반년이 넘도록 어항을 닦지 않아도 물이 맑았다.

내심, 개울을 떠난 다슬기가 잘 살 수 있을지를 염려했다. 어항 속에 산소를 공급하지만, 맑은 물이 흐르던 개울만 하랴 싶었다. 그런데 얼마나 지났을까, 언제 새끼를 낳았는지 작은 다슬기 대여섯 마리가 오보록하니 모여 꼼지락거렸다. 어항에 비껴든 무지갯빛 햇살처럼 신비로웠다. 힘든 타향살이에 꿋꿋이 살아준 것도 고마운데 새끼까지 낳다나‥ 어느새 작은 녀석들은 어미를 따라 물 때 지우는 시늉을 하고 있었다.

다슬기의 여유와 구피의 활달한 움직임이 조화롭다. 다슬기가 입주하면서 한결 다채로운 풍경으로 변한 어항을 바라본다. 몸집이 제법 큰 구피 녀석이 다슬기 주변을 맴돈다. 유리 벽에 붙은 다슬기를 주둥이로 툭툭 건드린다. 온갖 현란한 몸짓을 하며 건드리기를 반복한다. 다슬기는 움찔움찔하면서도 싫어하는 것 같지 않다. 다슬기에게는 한없이 먼 수초 뒷동네 소식이라도 전하려는 것일까. 어쩌면, 인사라도 트고 살자는 나름의 몸짓인지도 모를 일이다.

구피가 내놓는 찌꺼기를 생존의 먹이로 취하며 구피가 사는 물을 맑게 해주는 다슬기, 이들은 서로 더불어 사는 것이 아닐까. 구피와 다슬기만 더불어 사는 게 아니다. 공생의 가장 큰 수혜자는 우리 가족이 아닐까. 구피가 오면서 공통의 관심 대상이 생겼고, 다슬기가 보태지면서 대화가 풍성해지고 있으니 말이다. 누구랄 것 없이 구피가 새끼를 낳으면 분리해 주고 다슬기는 잘 움직이는지 살펴본다. 이들의 소소한 몸짓에서 새삼스레 생명의 경이로움과 소중함에 마음을 가다듬곤 한다.

어머님이 구피 새끼집 속으로 밥을 뿌려주며 말씀하신다. 작디작은 생명과의 만남에서도 얻는 기쁨이 이리 큰데, 하물며 사람과의 숱한 인연에서야 말해 뭐하겠냐고. 서로를 귀하게 여기며 선한 공생의 꽃을 다붓다붓 피워내야 하지 않겠냐고…. 그 말씀이 오랫동안 귓가에 맴돈다.

보안여관

 팥죽색 벽돌이 인상적인 낡은 2층 건물이다. 팔짱 낀 연인들과 다양한 사람들이 삼삼오오 들락거린다. 수증기 모양의 로고가 붙은 간판 앞에 서니 오래된 건물이 지닌 특유의 냄새가 난다. 시골집 굴뚝 위로 몽글몽글 피어나던 냇내 같다고나 할까.
 '보안여관'이란다. 이름이 심상찮다. 비밀스러운 어떤 것에 보안이 필요했던가. 아니면 알 수 없는 무언가로부터 숨어드는 안전지대이거나 편안한 쉼터인가. 안으로 들어선다.
 미성년자는 들어오지 말라는 빛바랜 경고문이 아직도 현관을 지키고 있다. 손으로 꾹 누르는 전구 스위치도 불이나 켜질까 싶은 형광등에 매달려 바람에 흔들거린다. 삐걱거리는 마루 양쪽으로는 투숙객이 들었던 작은 방도 여럿이다. 낡은 벽지를 두른 방들은 생각보다 작다. 서까래와 대들보는 시간에 그을린 듯 꺼뭇하다. 부스러진 흙벽은 격자로 엮은 대나무 골조가 드러난 채, 팔십여 년의 옛 기억을 반추한다.

보안여관은 문인들의 둥지였다. 미당未堂은 이곳에서 문학동인지를 창간하며 그 기록을 《서정주 문학 전집》에 남겼다. "나는 1936년 가을, 통의동 보안여관이라는 곳에 기거하면서 김동리, 김달진, 오장환 등과 함께 《시인 부락》이라는 한 시의 동인지를 꾸며냈다". 이십 대였던 미당과 한 시대를 풍미한 작가들이 오랫동안 묵으며 글을 썼단다. 앉은뱅이책상에 양반다리로 앉아 담배 연기를 뿜어내는 모습이 떠오른다.

근대 문학사를 수놓은 쟁쟁한 작가들의 체취 어린 이곳도 세월에는 어쩔 수 없었던가, 변화의 흐름에 밀려 설 자리를 잃은 채 문을 닫고 말았다. 2006년 철거를 앞두고 '일맥문화재단'이 인수한 일은 그나마 다행이다. 사라져가는 근대가옥을 지켰을 뿐 아니라 예술의 들판을 쉼 없이 일구고 있어서다. '한 알의 보리알'이 "싹을 틔우고 열매를 맺어 풍성한 들판을 만든다."라는 재단의 설립이념이 무끈하게 다가온다.

여관 옆에는 키가 다른 쌍둥이처럼 '보안 1942'라는 4층 건물이 들어섰다. 옛 여관과 다리를 놓아 연결했고 새 건물로 건너가면 '보안책방'에 닿는다. 문학, 환경, 우주 등 다양한 영역을 다루는 책들이 진열되어 있다. 큐레이팅이나 독서 모임이 열리는 서점으로도 손색없다. 낡은 여관과는 사뭇 다르지만 소통하며 끌어당기는 느낌이랄까. 연결통로를 걸으면 마치 두물머리에 선 듯, 두 강이 어우러지는 물소리가 들리는 것 같다.

여관에 착안해 운영 중인 '보안스테이'에 하룻밤 묵고 싶던 참이었다. 새것과 옛것이 만나 또 다른 새것을 꿈꾸는 다락방 같은 곳이다. 경복궁 담장과 골목을 사이에 두고 있어 기와지붕과 청와대로 가는 꽃길이 보인다. 그 뒤로 선 북악의 자태가 위엄있다. 이곳에 작은 방 하나 차지하고 앉는다. 혼자만의 공간에 있으니 자유롭다. 어쩌면 낡아버린 나를 버려 새로움을 포용하는 품이 필요했는지 모를 일이다.

오동나무 소반에 차려진 찻잔을 들고 가을빛에 물들어가는 영추문을 오래도록 바라본다. 노란 플라타너스 잎이 살랑거릴 뿐 고요하고 그윽하다. 어느덧 색깔로 마술을 부리던 보랏빛 노을이 인왕산을 넘는다. 가로등 불빛 사이로 창백한 달빛이 내리고, 여관과 휘황한 도심은 하나인 듯 어깨를 잇대고 있다.

바라던 보안여관에서의 하룻밤이건만 쉬이 잠들 수가 없다. 걸출한 작가들이 혼신으로 글을 쓴 곳이 아닌가. 수필집 한 권 엮어내는 것조차 내게는 아득하다. 변변한 글 한 편을 쓰는 것도 숨 가쁜 날들이다. 유리된 글 조각들은 이어지지 못하고 사색의 우물은 말라간다. 깊은 사유와 철학이 깃들고 감성돔처럼 펄떡이는 언어를 언제쯤 잡아볼까. 옛 문인들의 고뇌가 서린 이곳에서 손톱만큼이라도 나를 키울 비밀을 훔칠 수는 없을까.

 '술 파는 책방'으로 내려간다. 낮에는 책방이었다가 밤에는 술집으로 변하는 곳이다. 벽면을 가득 채운 서가에서 아무 책이나 뽑아든다. 맥주 한잔을 들고 긴 의자에 비스듬히 기대앉는다. 풍성하던 거품이 여관의 가버린 시간처럼 맥없이 사그라진다.

 잠 못 이루는 하룻밤, 따라나선 달빛도 이울어가고 있었다.

한양도성, 낙산길을 걷다

 시 낭송을 배우고 있다. 어느새 울울한 푸름 속에 숨겨둔 주머니들이 터진 걸까. 사방에 색 잔치가 벌어졌다. 친구들은 색깔에 물들고 싶어 내 등을 떠밀며 발싸심이다. 가이드로 나선 나는 역사 유적의 아름다움을 간직한 한양도성으로 길을 잡는다.

 성곽길 중 '낙산 구간'을 걷기로 했다. 흥인지문 앞 동대문성곽공원에 모였다. 산뜻한 옷과 선글라스로 위장한 탓인지 친구들은 생기에 넘쳤다. 대부분 혜화문을 출발해 광희문을 향해 걷는데 흥인지문에서 혜화문까지 가는 코스로 짧게 잡았다. 거꾸로 걷는 건 따가운 가을 태양을 피할 수도 있고 대학로에서 점심을 먹겠다는 계산에서였다.

 한양도성박물관 뒤로 이어진 낙산길로 들어선다. 몇 발짝 걸었을 뿐인데 야트막한 살림집과 고태 낀 성곽길이 사뭇 호젓하다. 화려한 고층빌딩과 분주하게 오가는 사람들, 수많은 차량이 질주하는 도심 뒤편이다. 이런 곳에 고즈넉한 풍경이 숨어 있다니 서울의 또 다른 매력이다. 완만한 능선을 따라 앞서거니 뒤서거니 옛이야기 속으로 걸어간다.

조선을 세운 태조는 1394년 지기가 쇠했다는 개경을 떠나 한양으로 천도했다. 배산임수의 명당에 법궁인 경복궁을 지었다. 좌묘우사左廟右社의 유교 이념에 따라 경복궁 왼쪽에는 종묘를 오른쪽에는 사직단을 세웠다. 이어 새 왕조의 권위를 높이고 외적의 침입을 대비해 한양도성을 쌓았다. 인왕, 북악, 낙산, 남산 등 내사산內四山으로 연결된 성곽에는 숭례문과 흥인지문을 비롯한 사대문四大門과 창의문, 혜화문 등 사소문四小門을 두었다. 이 문을 통해 백성들은 성 안팎을 드나들었다.

한양도성은 길이가 18.627km에 이른다. 이십만 명이 동원되어 구십팔일 만에 축성했다. 세계적으로 가장 규모가 큰 데다 육백 년이 지난 지금도 원형에 가까운 모습을 유지하고 있다. 일제 강점기의 의도적인 훼손과 근대화 과정에서 헐려버린 곳이 많아 안타깝다. 하지만 꾸준히 복원했고, 도로나 구조물로 인해 끊긴 곳은 길 위에 성곽길을 표시하는 흔적 복원으로 이어 나갔다.

처음 성을 축조할 때의 성 돌은 동글동글 자연스럽다. 하고많은 비바람에 깎이고 닳은 까만 돌들이 소박하고 정겹다. 여러 왕을 거치면서 성 돌의 모습도 달라진다. 숙종 시절 개축한 성 돌은 백성의 고통과 원성을 덜어주기 위해 군인들이 쌓아서인지 크고 각진 직사각형에 가깝다. 책임자들의 이름을 새긴 각자성석刻字城石이 남아있는 곳도 있다. 그때 이미 공사 실명제를 시행했음을 알 수 있고 조선의 다부진 일머리를 가늠해 볼 수 있는 대목이다. 최근에 보수한 말끔한 돌까지 어우러진 육백 년의 동행이 숙연하면서도 조화롭다.
  돌 틈 군데군데 여린 들꽃이 해맑은 얼굴로 길손들을 바라본다. 산다는 건 때로 위태롭고 옹색하지만, 꽃대를 밀어 올릴 수 있기에 아름답다고 말하는 것일까. 가느다란 줄기에도 깎이지 않는 생명력에 경외의 마음을 얹는다.
  성곽 아랫마을, 이화동 벽화 골목을 지나 낙산공원 언덕에 오른다. 서울 도심이 외사산外四山에 둘러싸여 곱게 물들었다. 차도 건물도 없던, 아름다운 옛 한양을 상상하며 친구들을 바라본다.
  "저기는 종묘, 그 옆이 창덕궁, 그 아래는 사도세자가 뒤주에서 돌아가신 곳으로 정조의 애달픈 가족사가 깃든 창경궁이야. 낙산은 낙타 등을 닮아서 낙타산이나 타락산으로 불렸지. 지금은 그 모습이 많이 훼손된 상태란다. 이곳은 풍수상 좌청룡이고 저 멀리 보이는 인왕산이 우백호야."

친구 하나가 열심히 설명하는 나를 의자에 앉히고는 사과를 입에 넣어 준다. 달다. 자연에 깃들면 자유로워지는가, 누구랄 것 없이 시를 낭송한다. 어설프게 읊조리는 소리에 나뭇잎이 수런대며 귀를 기울인다.

성 바깥 장수마을을 지나자 여인네 허리선처럼 유려한 길이 뻗어 굽이친다. 높은 성벽 위로 가톨릭대학의 풍성한 숲이 오색찬란하다. 문득, 성 돌과 마주 선 친구들 모습이 닮아 보인다. 돌을 쌓아 올리던 옛 선인들께 경의를 표하는 것일까, 시간 앞에 왜소해진 자신을 돌아보는 것일까.

친구들을 몰아세워 '모티'에 들어선다. 구수한 메밀배추전 냄새가 막걸리를 부른다. 낙타 등을 타고 걸었던 가을 길의 유장함과 그 위에서 만난 옛이야기를 되짚느라 시끌벅적하다. 친구들은 가을 숲에 물든 얼굴을 들이밀더니 다음은 어디냐고 다그친다. 한 송이 꽃인 양 웃고 있는 양 볼에 꽃물이 발그레하다.

"좋아, 부암동으로 가겠어. 시인의 언덕을 넘어 무계원과 백사실까지. 그리고, 그다음은 한양도성을 완주할 거다!" 친구들은 첫 잔을 높이 들며 외쳤다.

"그래, 가자 가!"

우리, 수작酬酌할까요

  술은 언제부터 인간과 함께 했을까. 신성한 제사에는 술을 올렸고 나라의 경사스러운 잔칫상에도 흥취를 돋우는 술잔이 있었다. 임금은 장원급제한 유생에게 어사주를 하사했다. 초례청의 신랑 신부도 얼굴 붉히며 합환주를 나누었다. 잠시 논두렁에 앉아 쉬는 농부들도 걸쭉한 탁주 한 사발에 힘을 냈으니 예부터 사람들 곁에는 술이 빠지지 않았다.

  세계 정상들이 모이는 국제회의 테이블에도 건배주를 내놓는다. 건배는 덕담으로 분위기를 띄우고 잔을 말리듯이 한 번에 마시는 것, 이른바 '원샷'이다. 건배는 고대 바이킹족이 처음 시작했고, 당시의 술잔은 대부분 아래쪽이 뾰족해 세워 둘 수 없어 한 번에 마신 데서 유래한 것이라 한다.

반가운 이를 만나면 맥주 한 잔쯤 나누는 걸 좋아한다. 술을 즐겨서라기보다 약간은 달뜬 듯 본연의 모습을 나눌 수 있어서다. 술잔을 주고받는 수작酬酌은 서로 사귐을 뜻한다. 설사 첫 대면이라도 술 한잔을 주고받으면 어색함은 사라지고 대화의 출입문이 열린다. 사극을 보면, 지분거리는 사내를 향해 주막집 주모가 소리치는 장면이 종종 나온다.

"어디서 수작질이야!"

수작은 좋은 의미였건만, 술자리에서 모종의 거래가 오가거나 은밀한 일을 꾸미다 보니 수작질이라는 저급한 말로 변한 건지도 모른다.

수작하려면 술을 넘치지도 모자라지도 않게 예의를 갖춰야 했을 타이다. 받거나 따르는 태도에서 마음을 읽어낼 수 있어 일의 형편을 따져 어림잡아 헤아리는 게 짐작斟酌이다. 술은 저마다 취향이 다르다. 가득 채우는 걸 좋아하거나 반 잔 정도면 좋다는 이도 있다. 상대방을 배려하여 술의 양을 정하는 게 작정酌定이다. 주량도 마찬가지다. 세고 약함이 사람마다 차이가 있으니 적당히 권해야 하지 않겠는가. 상대방의 주량에 알맞게 술을 건네는 것이 참작參酌이다. 일상에서 흔히 쓰이는 '정상참작情狀參酌'이라는 말도 이에서 비롯되었다.

예전에는 모임에서 술잔 돌리는 일이 흔했지만, 술 문화에도 변화가 생긴 지 오래다. 각자의 잔에 따라주거나 스스로 따르게 되니 이것이 자작自酌이다. 요즘 들어 1인 세대가 부쩍 많아진 데다 코로나19로 이동이 자유롭지 못해 '혼술' 풍조가 더 늘었다. 바로 독작獨酌이다. 힘들거나 갈증 날 때 시원한 맥주캔 하나 '톡!' 따서 홀로 음미하는 것도 나름 괜찮다. 하지만 술이라는 게 사람을 이어주는 징검다리라 더불어 마시는 대작對酌이 한결 즐겁지 않을까.

알게 모르게 우리 일상에 스며든 여러 '작'자들과 수작을 부리는데, 반가운 전화가 울린다. 준비도 없이 새 근무처에 발령받아 방대한 조직문화가 낯설었던 내게 친누나처럼 따르며 도움을 주던 H였다.

"누나, 보고 싶은 사람들 얼굴은 좀 보고 삽시다. S형이랑 같이."

"좋아, 코로나 몰래 만나면 되지 뭐!"

업무강도 세기로 자자하던 부서에서 고생한 동료들 셋이 만났다. 새벽에 출근해 밤늦게 퇴근하는 일이 다반사였다. 어떤 날은 저녁도 먹지 못한 채 캔맥주 하나씩을 홀짝대며 정동길 벤치에 몸을 부리기도 했다. 이제는 직위고 직급이고 다 벗어버리고 형, 누나 부르며 어울리는 자유로움이 좋다. 다들 '위드 코로나'를 기다리다 지쳤던 지라 골뱅이무침 한 젓가락에 거품이 풍성한 맥주잔을 부딪치니 유쾌하기 이를 데 없다.

"계영배戒盈杯를 아시나요?"

묻는 내 말에, '축구 경기야, 배구 경기야?' 딴청을 부린다. 계영배는 과학적이고 특이한 잔이다. 정해진 높이까지만 따라야 마실 수 있게 만들어졌다. 가득 따르면 술잔 옆에 난 구멍으로 모두 흘러 빈 잔만 남게 된다. 인간의 허망한 욕심을 잠재우고 마음을 가지런히 하라 이르는 지혜가 담긴 그릇이다.

"그렇다면, 계영배를 기리며 가득 부어서 한 잔 더 할까?"

어깃장을 놓는 S형의 별스럽지 않은 말에도 하하 호호 웃음이 푸지다.

"조선의 선비들은 술자리가 벌어져 몇 순배 돌면 일어서서 한쪽 다리로 서봤다는데, 균형을 유지하면 더 마시고 중심을 못 잡고 비틀거리면…"

말이 채 끝나기도 전에 일어선 두 남자는 학처럼 외다리로 꿋꿋이 서 있다. 계영배든 선비들의 주도酒道든 간에 오랜만의 즐거운 수작이라 정담 섞인 대작이 무르익어 갈 뿐이다.

술은 왜 마실까. 그저 술이 좋아 마시는 사람은 많지 않을 것이다. 술 한 잔을 오작교 삼아 사람 냄새가 좋아서 모이는 것이라. 하루 치의 피로와 삶의 고단함을 날려 버리기 위해, 마음을 섞고 위로받으며 살아갈 힘을 내기 위해⋯ 찰랑찰랑 채운 잔을 나누며 서로에게 풀무질하는지도 모를 일이다.

오랫동안 이어지는 코로나 시국에 어쩔 수 없는 격리로 헐거워진 관계들, 마음이 허우룩한 이들에게 말하고 싶다.

"우리, 수작 한번 할까요?"

토란국을 끓이며

 추석이 내일모레, 장바구니를 들고 시장에 들어선다. 가게마다 정갈하게 담은 채소에 가을빛이 넉넉하다. 가끔 푸성귀를 사러 들르는 '으뜸 야채' 한쪽에 밭에서 막 캐온 듯 흙빛 선명한 토란이 수북이 쌓여 있다. 갸쭉하고 동글한 토란을 골라 담기 시작한다.

 몇 해 전 가을, 친정어머니가 광주 어느 병원에 입원했을 때였다. 근처 남광주시장 끄트머리 노점에 토란을 파는 할머니가 계셨다. 둥글게 만 등으로 하늘을 지고 앉은 할머니가 좌판 위에 토란을 쌓는 중이었다. 소복한 토란 옆에 구절초가 있었다. '잎새 소주' 병에 꽂힌 작은 꽃은 오가는 사람들을 향해 손을 흔들었다. 토란껍질 같은 할머니 손을 보며 나도 모르게 쪼그려 앉았다.

 "할머니, 토란을 좋아하는데 오래 두고 먹지 못해 아쉬워요."

"아따, 몰랐는갑네. 뜬물에다가 살찌기 디쳐 봐. 글먼 껍딱이 홀랑 벳겨져분당께. 그놈을 얼려서 두고두고 묵으믄 돼야 잉."

그날, 저물녘 개펄의 물길처럼 주름진 얼굴에 웃음이 깊던 할머니 토란을 몽땅 쓸어 담아 왔다.

여름이면 고향 집 텃밭 가생이에는 토란이 덜퍽졌다. 소나기가 한 줄기 뿌리고 나면 키가 쑥쑥 자랐다. 우북수북한 잎은 주변을 온통 푸르게 채워버렸다. 이른 아침 이파리에 맺힌 이슬이 굴러다니다가 똘랑똘랑 떨어지는 걸 보는 재미는 색달랐다. 손끝으로 이리저리 물방울을 굴리며 괜스레 깔깔대며 법석을 떨었다. 마을 논밭 귀퉁이에도 토란대가 넘실댔다. 비라도 내리면 넓은 이파리를 우산인 양 쓰고 고샅을 뛰어다녔다. 신나던 놀이가 심드렁해지면 동구 밖 넓은 논밭을 향해 달렸다.

아득해 보이는 산자락으로 이어진 나주평야는 풍요로웠다. 너른 들녘이 황금빛으로 물결치면 콩밭에 주렁주렁 매달린 콩꼬투리도 덩달아 색이 변했다. 자줏빛 키다리 수수도 고개를 흔들며 새들을 부르느라 바빴다. 논두렁을 쏘다니며 잡은 메뚜기를 벼 줄기에 꽂아 들고 개선장군처럼 돌아올 즈음, 마을도 들녘도 발갛게 물들었다. 붉은 바람이 통통한 토란대를 건드리면 으밀아밀 속닥거리며 키재기를 했다.

폴짝폴짝 뛰며 마당에 들어서면 메뚜기가 매달린 벼 줄기도 함께 출렁거렸다. 어머니는 마당 가 덕석에 널어놓은 토란대를 거두는 중이었다. 갈무리해 두었다가 요긴하게 쓸 요량이었다. 오리탕이나 육개장을 끓일 때 없어서는 안 될 재료였고 들깻가루에 바지락을 곁들여 자작자작 볶은 토란대 나물도 별미였다.

"아가~, 어째 그리 머시매같이 들판만 쏘댕긴다냐."

허리를 세우며 나무라시는 어머니 뒤로 토란국 냄새가 뛰쳐나왔다. 듣는 둥 마는 둥 코를 벌름거리며 쪼르르 평상에 올라앉았다. 별난 걸 넣은 것도 아니련만, 어머니의 토란국은 바특하고 구수했다.

차가워지는 계절이면 특히 토란국이 제격이다. 다람쥐 도토리 숨기듯 저장해 둔 토란을 꺼내 국거리를 준비한다. 홍합으로 육수를 낸다. 소고기를 참기름에 달달 볶아 다시마와 무를 넣고 들깻가루를 풀어 뭉근하게 끓인다. 마늘과 파를 듬뿍 넣으면 한결 깊은 맛이 우러난다. 포근포근 입안을 채우는 부드러움은 가을이 주는 선물이요, 호사다. 냄비뚜껑이 달싹거리며 보글보글 끓을수록 구수한 냄새가 집안을 채운다.

은퇴한 지도 몇 년째, 문득 돌아보니 자박자박 걸어온 오솔길이 아스라하다. 스무 살이 되기를 손꼽아 기다리던 풋풋한 풀숲을 지나, 은빛 억새가 물비늘처럼 빛나는 자락길에 서 있다. 나붓나붓 피어나는 치자 꽃향기처럼 설레고 감미로운 순간도 있었고, 발버둥 치며 아득한 오르막길을 넘기도 했다.

　뜨거운 여름이면 세상은 꽃 잔치가 벌어진다. 붉은 장미는 어질어질 향기를 날리고, 길섶에 핀 채송화도 봉숭아도 치장에 바쁘다. 지상의 존재들이 태양 아래 법석이건만, 토란은 온전한 어둠을 품은 채 기다린다. 어둡고 습한 땅속의 시간이 하나, 둘, 알맹이를 키운다. 장대 같은 채찍 비가 후려칠 때도 푸른 등을 묵묵히 내어주며 속살을 키운다.

　야채 가게에 진열된 토란은 거친 모양새지만 실은 순하기 짝이 없다. 아픔을 견딘 고된 흔적이라는 게 쌀뜨물에 녹아내리는 알싸함뿐 아니던가. 그런 토란이 말을 걸어온다. 별것 아닌 것에 앵돌아지는 얄팍함을 버려야 한단다. 손톱만 한 자존의 상처마저 견디지 못하는 옹졸함을 이제는 내려놓으란다. 나를 아프게 한 옹이마저 수굿이 보듬으라 한다.

　'이순耳順이 곧 심순心順'이라 했던가. 이제라도 귀가 순해지고 마음밭이 넉넉해져야 하리. 웅숭깊은 심순이 동심원처럼 나로부터 번지면 미쁘지 않겠는가. 이 가을 녘, 토란은 포실한 뿌리를 내어주느라 분주하건만 나는 무엇을 품어 영글게 했는가.

　자꾸만 지나간 계절의 옷자락을 들춰보고 있다.

49
토란국을 끓이며

J의 귀향

 11월 초가 되면, 노숙인에게 방한복을 나눠주곤 했다. 그럴 때마다 맘이 편치 않았다. 겨우 한 겹의 옷이 그들에게 어떤 도움이 될까. 이것이 휴머니즘인가. 혹여 일어날지도 모를 불상사를 대비한 명분 세우기 아닌가, 하는 생각을 지울 수 없었다. 그들은 지하철역에 흩어져 골판지를 울타리 삼아 하루하루를 살아냈다. 입소하겠다는 본인의 의사 없이는 노숙인쉼터로 강제 이송할 수도 없었다. 그러니 날마다 별일이 없기를 바랄 뿐이었다. 위급할 땐 긴급구호를 하고 틈틈이 건강을 살피며 소극적인 돌봄을 유지하는 게 전부였다.
 종각역 5번 출구에는 노숙인 J가 있었다. 그 자리를 집 삼아 7년째 사는 중이었다. 어느 날 J의 몸 상태가 심각하다는 직원의 보고를 받았다. 다리가 마비되면서 움직이지 못한다고 했다. 전담 직원이 그를 돌아보며 상황을 주시하던 터였다. 담당과장이던 나는 직원과 함께 J를 찾아갔다.

열에 들떠 붉은 J의 얼굴에는 머리칼이 엉겨 붙어 있었다. 곁에 쪼그려 앉아 대화를 시도했다. 병원으로 갈 것을 권했다. 아플 때는 가족이 필요하다며 연락해 보자고 넌지시 권했다. J는 감았던 눈을 부릅뜨더니 완강하게 거부했다. 사는 데 미련 없노라며 큰소리를 내질렀다. 그냥 내버려 달라는 말만 반복했다.

"선생님, 용기를 내 봅시다. 치료는 받아야지요. 길거리에서 돌아가셨다는 소식을 가족이 듣게 하실래요? 선생님도 한없이 귀한 분인데 그건 아니지요. 저희가 도와드릴게요."

돌아누운 J의 등에 대고 간곡하게 청했지만, 땅 밑 계단에는 찬바람만 훑고 지나갈 뿐이었다. 두세 번 더 다녀온 며칠 후 놀랍게도 긍정적인 신호를 보내왔다. 삼고초려에 마음을 열었는지, 몸이 더는 견딜 수 없었는지는 모르겠다. 어쩌면 가족이라는 말이 그리움의 둑을 무너지게 했는지도 알 수 없었다.

아무려면 어떤가, 마음을 바꾼 게 고맙기만 했다. 스스로 고향 주소를 말했고, 수소문 끝에 남동생과 연락이 닿았다. 자신들을 버렸다는 원망이 사무쳤던 자녀 둘은 아버지와의 만남을 끝내 원하지 않았다. 동생 부부가 올라와 J와 함께 병원으로 향했다. 남녘 바닷가 어디에 산다는데 그들의 매무새나 얼굴색도 그리 밝지는 않았다.

사람들은 노숙인을 향해 손가락질하며 비웃곤 한다. 성한 몸뚱이로 얻어먹는 걸 이해할 수 없어서다. 막노동이라도 할 것이지 하며 혀를 찬다. 일감 많은 농촌에 가면 되지 않느냐고도 한다. 일부는 맞지만 간과한 게 있다. 사회라는 울타리 밖으로 튕겨 나가면 상황은 달라진다. 자포자기한 상태에서 인간의 인성이 망가지는 데는 서너 달도 길다.

삶의 의욕과 수치심이 사라진 자리엔 먹고 자는, 지극히 본능적인 것만 남는다. 자존감은 약해지고 군중의 싸늘한 눈빛에도 익숙해진다. 노력 없이 쉽게 주어지는 것에 안주한다. 사회질서나 규칙을 간섭으로 여기며 회복할 의욕이 사라진다. 자립을 돕기 위한 여러 정책이 진행되어도 거리에는 여전히 노숙인이 넘치는 이유다.

오랜만에 만난 형제는 물과 기름이었다. 이산가족이 함께한 감동의 장면은 바라지도 않았지만, 짧은 대화조차 서툴고 엇갈렸다. 서로를 곁눈질하며 데면데면할 뿐 애써 시선을 피했다. 아우는 한숨이 바닥을 뚫을 것 같았고, J는 하릴없이 허공을 바라보았다. 하지만, 만남이 헛된 것만은 아니었다. 엇갈리는 눈길일망정 한 공간에 있다는 건 우애를 잇는 끈이었던가. 잔물결에 모래톱이 몸을 풀 듯,

단단하던 벽에도 감정이 스몄다.

시간이 흐르면서 어렵사리 말문이 트이자 드문드문 어릴 적 이야기를 나눌 만큼 서로 다가섰다. 보름쯤 지났을까, J는 아우의 설득을 받아들여 마음을 굳혔다. 이십 년 전에 떠나온 고향으로 가겠다는 것이었다. 어쩌면 집 주소를 알려줄 때 이미 마음을 정한 것일지도 몰랐다.

누군들 노숙인으로 살고 싶었을까. J도 한때는 가정과 사회의 일원으로 당당히 제 몫을 했을 타이다. 사정은 알 수 없으나, 감당할 수 없는 고난의 무게에 발버둥 치다 끝내 무너져 내렸으리라. 사업 실패였는지, 가정불화였는지, 고통에 떠밀려 거리의 사람이 되었겠지.

그는 때에 절어 냄새나는 옷으로 사철을 살았다. 술병을 들고 비틀거리며 이따금 쓰레기통을 뒤지는 모습, 언제 감았는지 덩어리진 머리칼, 초점 없는 눈동자로 멍하니 앉아있곤 했다. 희망이라곤 없어 보이던 J였다. 행여 옷자락 끝이라도 닿을까 피해 가는 인파 속에서 고립된 섬처럼 외로운 존재였다. 그런 그가 멀끔히 차려입고 나섰다.

고향길로 향하는 그에게서 설렘이 보였다. 새로 입은 옷깃을 여몄다가 아우 팔을 살그머니 잡았다 놓기를 반복했다. 어색해하면서도 주춤주춤 아우를 따라나섰다. 노숙인의 귀향은 드문 일이라 가슴이 벅찼다. 가족 안에서 온전하게 하나 되기를 간절히 바랐다. 그래서, 오랜 상처가 아물고 별스러울 것 하나 없는 평범한 일상을 누리며 행복해지기를 바랐다.

몇 달이 지났다. 아는 이들과 덕담을 나누며 새해를 맞이했다. 바쁜 일상에 묻혀 부풀었던 감흥도 서서히 잦아들었다. 가끔 직원들과 무용담처럼 그 일을 떠올리며 잘살고 있겠거니 했다. 자녀들과도 마음의 거리를 좁히고 있을 거라는 바람도 가져보았다.

그런데 어느 날, 바삐 지하도를 건너다 한 자리에 옴짝 못한 채 멈춰서고 말았다. 예전의 자리에 웅크리고 앉아있는 뒷모습은 J의 실루엣이 분명했다. 멀끔하던 모습은 어디론지 사라지고 꼬질꼬질한 입성에 초췌한 모양새였다. 이른 봄이라 아직은 매운바람이 불어대는 맨바닥에서 모기작모기작 다리를 주무르고 있었다.

7년을 살았던 저곳이 J의 고향이란 말인가, 그래서 귀향이라도 했다는 것인가. 가족들과 끝내 섞이지 못해서였나, 보헤미안처럼 떠도는 거리의 자유가 그리웠던가. J는 대체 무슨 생각을 하며 저리 앉아있는 걸까. 요럭조럭 꿰맞춰 봐도 알 수 없는, J의 귀향이 서글퍼 시린 바람 속에 하릴없이 서 있었다.

꼬막 예찬

"또르륵 뚜르륵, 또르륵 뚜르륵"

제철 만난 꼬막을 조약돌 굴리듯 씻는다. 희부연 물속을 잠시 바라본다. 개흙 속에서 벼름 벼름 두 입을 앙다물고 견딘 생명이다.

꼬막은 껍질이 단단하고 방사륵이 깊은 참꼬막, 바닷속 양식장에서 자라 성장이 빠른 새꼬막, 크고 붉은빛이 나는 피꼬막이 있다. 그중에서도 돌덩이처럼 야무진 참꼬막을 좋아한다. 다 같은 꼬막인데 무슨 차이가 있을까 싶지만, 어려서부터 먹던 것으로, 유난히 노란 알맹이가 탱글탱글한 데다, 감칠맛이 탁월해서다. 최고라야 붙이는 '참' 자를 까닭 없이 붙이진 않았을 터, 새꼬막보다 서너 배 비싼데도 망설임 없이 장바구니에 넣는다.

찬 바람 부는 초겨울부터 이듬해 봄까지 꼬막은 제맛이 든다. 개

펄에 서식하는 뭇 생명과 마찬가지로 꼬막 또한, 오롯이 달의 영향을 받기에 그 주기에 따라 맛이 조금씩 달라진다. 꼬막은 보름밤이 아닌 어두운 그믐 무렵에 살이 오른다. 밀물과 썰물에 흔들리며 사각사각 어둠을 갉아먹고서야 속살이 여무는 것인가.

꼬막은 씹을수록 짭조름하고 달착지근한 바다 향내가 입안에 퍼진다. 조정래의 소설 〈태백산맥〉에서도 '간간하고 쫄깃하기도 하고 알큰하기도 하고 배릿한 그 맛'이라 묘사하지 않았던가. 원래 '고막'이라 쓰던 것이 '꼬막'으로 바뀐 것은 조정래 작가의 공이 아닌가 싶다. 출판사에서 원고에 있던 꼬막을 거듭거듭 수정했지만, 현지에서는 그리 부른다며 물러서지 않았다. 결국, 책이 천만 부가 팔리면서 발음도 야무진 꼬막이 표준어가 되었으니 말이다. 사실, 남해안에 두루 나는 것이 꼬막인데, 맛집이 즐비할 만큼 '벌교 꼬막'이 유명해진 것도 소설 덕이라 할 수 있겠다.

갓 삶은 꼬막은 육즙이 흐르는 짭조름한 속살이 담백하고 맛있다. 껍질 하나 떼어내고 남은 껍질을 받침 삼아 양념장만 얹어도 격을 갖춘 일품요리가 된다. 알맹이만 모아 갖은양념으로 조물조물 무쳐 맛을 낸 꼬막 비빔밥도 별미다. 풋고추와 대파를 걀쭉걀쭉 썰어 버무린 꼬막 대파 무침 또한 밥반찬이자 안줏거리로 손색없다. 그야말로 밥상이든 술상이든 어울리지 않는 곳이 없다.

끓는 물에 꼬막을 넣는다. 꼬막은 사랑에 빠진 여인처럼 잠시의 해찰도 달가워하지 않는다. 여차하면 누가 훔쳐 간 듯 반 토막이 나니 한시도 눈을 뗄 수 없다. 냄비에 붙어 서서 시시각각 달라지는 상태를 확인한다. 보글보글 올라오는 거품 속에서 들릴 듯 말 듯 소리의 향연이 벌어진다. 여남은 개의 꼬막이 "톡, 토독" 입을 열어 노래할 때쯤 얼른 건져 찬물에 수르르 헹군다. 질그릇에 수북이 담아 놓으면 남은 열기에 알맹이는 알맞게 익는다. 얄랑얄랑 오른 감이 감내堪耐의 꽃을 피우듯 춤사위를 그린다.

절정의 순간에야 살포시 입술을 열어주는 꼬막이 좋다. 개펄의 척박함 속에서도 단단한 껍데기를 키우고 보드라움을 안으로 품고 있는 꼬막이 나는 참 좋다.

제2부

그립다, 어린 시절

알람브라궁의 추억

 비가 내린다. 궁 앞은 세계 각지에서 온 사람들로 가득하다. 색색의 비옷과 우산의 움직임이 꽃의 군무처럼 굼실거린다. 이윽고 닫힌 문이 열리고 웃음 띤 금발의 가이드가 이어폰을 건넨다. 귀에 꽂자 '알람브라궁의 추억'이 흘러나온다.
 예상치 못한 순간의 기타 연주가 잠들었던 감성을 깨운다. 가슴을 밀고 올라오는 느꺼움을 안고 궁 안을 천천히 걷는다. 반복되는 트레몰로 주법의 멜로디는 은구슬이 구르듯 여울진다. 문득, 어느 가을날의 기타 연주가 시간을 거슬러 새로운 소리로 되살아난다.
 저녁노을이 발간 붓으로 수채화를 그리고 있었다. 하늘을 캔버스 삼아 강렬한 원색이 점점이 퍼져나갔다. 마을을 지나 이어진 들녘까지도 붉은빛이 흘렀다. 익어가는 벼들은 노을에 사그락사그락 몸을 씻었다.

논두렁에 앉은 J와 나 사이로 바람이 동그랗게 맴을 돌았다. J가 기타를 치기 시작했다. '알람브라궁의 추억'이었다. 한쪽 무릎을 세워 기타를 얹고 고개를 숙인 채 연주에 몰입했다. 음악은 물결치듯 이어지고, 하얗고 가느다란 손가락은 기타 위에서 춤췄다. 나만을 위한 풀밭의 연주회였다. 눈을 감은 채 서정적인 선율에 젖었다. 언젠가는 아득히 먼 스페인, 알람브라궁을 가보리라 꿈꾸었다.

그때 내 나이 스물셋, 지방 행정기관에 근무하고 있었다. J는 그곳에서 군 복무 중인 대학생이었다. 언제부터인지 출근하면 책상 위에 꽃병이 있곤 했다. 그때 막 출시된 초록색 킨사이다 병에 빨간 덩굴장미가 한 움큼씩 꽂혀 있었다. 어떤 날은 내 뒷모습을 빠른 터치로 스케치한 그림이 놓여 있기도 했다. 뒷자리에 앉은 J일 거라는 짐작은 했지만, 무심한 듯 모른 척했다.

J는 고교 시절 교내 오케스트라 바이올린 주자여서 그런지 기타 솜씨도 빼어났다. 하얀 얼굴에 쌍꺼풀진 큰 눈과 성냥개비를 올릴 수 있을 정도로 긴 속눈썹을 가지고 있었다. 어느 날, 강아지를 선물 받고 품에 꼭 안았다. 집에서 키우는 진돗개가 낳은 새끼라 했다. 한없이 조그맣고 앙증맞은 생명이었다. 동심원처럼 찰랑대며 다

가오던 J도 마음속에 안아 들였다.

 기타를 멘 그와 논두렁을 걷는 날이 많았다. 발등을 간질이는 풀잎이 싱그러웠다. 보리밭에 핀 메꽃을 보려고 앉았다가 우거진 풀숲에 똬리를 튼 뱀에 놀라 달아나기도 했다. 소나기라도 한차례 내리면 수많은 고추잠자리가 가붓가붓 하늘을 맴돌았다. 훗날 바람 부는 창가에 흔들리는 커튼이 잠자리 날개 같으면 좋겠다며 웃곤 했다. 도란도란 얘기하는 것도, 기타 연주를 듣거나 함께 노래하는 것도 좋았다. 어쩌다 나를 위해 썼다는 자작곡을 연주할 때면 영화 주인공이라도 된 듯 우쭐해졌다. 꿈결 같은 자연 속의 만남은 계속될 것 같았다. 설렘과 즐거움이 함께 했지만, 우리의 인연은 거기까지였다.

 수십 년의 꿈이었다. 꼭 보고 싶었던 곳이기에 여러 가지 생각이 오갔다. 작곡가가 제자를 사랑했으나 거절당한 슬픔 속에 만든 곡이 알람브라궁의 추억이라 했다. J가 이 곡을 처음 연주하던 순간에 이루지 못할 사랑도 잉태된 것이었을까.

 인연의 끈이 가늘게라도 이어져 있었던지, 오래전 피할 수도 없는 길모퉁이에서 J와 마주쳤다. 서울역 어디쯤이었다. 둘 다 화들짝 놀랐지만, 선물 같은 만남이 반갑기도 했다. 찻잔을 앞에 두고 앉았다. 한참을 둘 다 아무 말도 하지 않았다. 두 갈래 오솔길에서 거듬

거듭 마른 낙엽을 거둬들이는 발짓을 반복하던 J를 두고 돌아선 나였다. 찻잔을 그러잡고 그가 말했다.

"그때 우린 Non Ho L'eta(노노 레타)였어…"

젊은 시절 좀 더 용기를 내지 못했음에 대한 회한이 서려 있었고 내 마음도 아릿했다.

붉은빛 고즈넉한 궁을 적시며 여전히 비가 내린다. 쭉쭉 뻗은 사이프러스 나무가 아름다운 정원을 지나 플라타너스 푸르른 길로 들어선다. 두 갈래 길을 다 가지 못하는 안타까움을 노래한 〈가지 않은 길〉을 생각한다. 선택한 길이 아닌 다른 숲길을 걸었더라면 나는 어떤 삶을 살고 있을까.

아직도 물결치는 알람브라궁의 추억, 그 마지막 선율이 흐르고 있다.

오진암과 무계원

　부암동 고갯길, 인왕산 푸른 기운이 왈칵 안겨 온다. 문득, 색 바랜 매화 꽃잎 하나 하늘하늘 허공에 발자국을 남긴다. 꿈결인 듯 창의문을 지나고 골목길을 휘돌아 홀리듯 오래된 한옥 대문을 밀고 들어선다.

　솟을대문 뒤로 청진동 피맛골 땅 아래 잠자던 노릿한 돌들이 축대가 되어 마중 나온다. '오진암梧珍菴'을 옮겨 복원한 '무계원武溪園'이다. 익선동에 있던 오진암은 애초에 조선 후기 서화가 이병직이 살던 곳이었다.

　그는 조선왕조 마지막 내시로 칠천석꾼 내시 가문의 양자였다. 조선말 내시제가 폐지되자 궁을 나와 열아홉 살 때부터 그림과 서예를 배웠다. 국전 서예 초대작가와 심사위원을 지냈고 서화가로도 명

망이 높았으나 늘 '내시 화가'라는 꼬리표가 붙어 다녔다.

추사 글씨를 비롯해 수준급 문화재를 수집했던 그는 교육사업에도 거금의 사재를 아끼지 않았다. 경매에 나온 '일연'의 《삼국유사》를 육만 원(현 구억 원)에 사들여 국보를 지켜냈다. 그림이나 집을 팔아 마련한 자금으로 중학교를 지어 나라에 기증하기도 했다.

이병직의 집을 매입한 조 씨는 우리나라 최초의 요정, 오진암을 열었다. 칠백여 평 부지에 기와지붕이 빼곡한 곳이었다. 오진암은 대원각, 삼청각과 함께 우리나라 3대 요정으로 불리며 요정 정치 무대로 꼽혔다. 70년대 이후락 중앙정보부장과 북한의 박성철 부수상이 만나 '7·4 남북 공동성명'의 초안을 마련한 곳으로도 유명했다.

시대변화에 따라 오진암도 쇠락의 때를 맞았다. 십여 년 전, 어느 사업주가 관광호텔을 짓기 위해 헐어내던 중, 종로구가 철거를 막으면서 앙상한 건물을 살려내었다. 지붕과 기둥만 남은 상처투성이 건물을 지켰으나, 땅값 비싼 종로에서 이축할 곳을 찾기는 쉽지 않았다. 고심 끝에 부암동에 조성 예정이던 주차장 부지로 옮기려 했다. 이내 주민들의 완강한 저항에 부딪혔다. 분내 나는 여인들이 술 따르던 유곽을 동네로 들일 수 없다는 이유였다. 주민들은 몇백 명씩 서명한 반대 민원을 구청에 내고 현장 접근을 막았다. 여러 번의 만남을 가진 뒤에야 전통 문화시설로 자리 잡을 것이라는 신뢰가 쌓이면서 마음을 열었다.

 인근 울울한 숲 뒤에는 무계정사武溪精舍 터가 남아 있다. 사유지라 대문 틈새로 볼 수밖에 없지만, 큰 바위에 '武溪洞'이라 쓰인 글씨가 선명하다. 터는 안견의 걸작 〈몽유도원도〉와 관련이 깊다. 세종의 셋째아들 안평대군은 꿈에 본 무릉도원의 절경을 잊지 못하여 안견에게 그리게 했고, 풍광이 유사한 이곳에 무계정사라는 별장을 지어 풍류를 즐겼다. 오진암은 유서 깊은 무계정사로 인해 무계원이라는 새 이름을 얻으며 지분 냄새를 걷어냈다.

 무계원 복원 때는 가능하면 종로지역에서 발굴한 재료를 사용하려 했다. 종로구는 국내 유일의 '한옥 은행'을 운영한다. 어쩔 수 없이 허물게 된 한옥에서 버리기 아까운 자재를 보관했다가 새 건물을 올리거나 보수할 때 다시 쓰기 위해서다.

 이런 연유로 복원 후의 모습은 기와나 서까래, 기둥의 색깔이 다른 것이 많다. 한옥 은행의 자재로도 부족한 건 새로 제작하여 본래의 것과 함께 사용했기 때문이다. 그 덕에 농담의 조화가 어우러져 그윽하다. 담장 바깥 오르막 골목에서 조망하는 기와지붕은 조손이 마주한 양 풍경이 따습다.

 무계원은 안채와 사랑채가 있고 서당처럼 좌식 서탁이 있는 행랑채가 있다. 그 옆에는 누마루가 이어져 양반다리를 한 대감마님이 앉아있을 것만 같다. 안채를 돌아서면 장독대를 채운 항아리가 정갈하고 넉넉하다. 뒤 꼍에 만들어진 화계花階는 고즈넉하다. 화계와 이어진 돌담의 선은 궁궐 담쌓는 장인의 솜씨라 단아하면서도 유려하다.

지나고 보니 순식간의 일 같아도 그 과정은 지난했다. 전통 기와 구하기가 어렵다는 것도 그때 알았다. 단청장, 소목장, 대목장을 비롯한 전통 장인의 명맥이 바람 앞에 촛불처럼 흔들리는 걸 실감했다. 기와도 천차만별이라 전통 기법을 이어 최상의 기와를 굽는 곳은 전국을 뒤져도 한 손에 꼽을 정도였다. 공기에 맞춰 기와를 구해야 하는 담당 팀장은 입술이 부르텄고 기다리는 현장에서는 불만이 터졌다.

전문가와의 협의 또한 어려웠다. 무계원이라 명명하는 과정이 그랬고 조선 초 인문학을 강의할 강사선정, 내용과 수준, 집기에 이르기까지 모든 결정이 간단치 않았다. 전통 시설 복원이 쉬운 일이 아님을 알지만, 쌓이는 난제에 머리가 지끈거렸다.

'武溪園'이라는 현판 글씨는 학계 전문가 자문으로 안평대군의 글씨에서 집자集字하여 완성했다. 우여곡절 끝에 세종조 융성했던 분야별 인문학 강좌와 문화 체험 과정도 확정했다. 개원식이 열리던 날은 주민들이 참여했다. 안견기념사업회와 서울대 A 명예교수 등

학계와 영정화(影幀畵-어진)를 강의할 L 화백도 왔다. 이 밖에도 문화예술계 인사들이 마당을 가득 메웠다. 현판식을 거행하고 많은 이의 축복 속에 이축 복원을 마무리할 수 있었다. 담당 국장으로 업무에 관여했던 나는 무심한 듯 담담한 모양의 한옥을 바라보았다. 마치 오래전부터 그 자리에 있었던 듯 흔연스러웠다. 이윽고 해거름 녘, 문살마다 노란 불빛이 아롱지고 나도 한 점 불빛이 되어 마루 끝을 채웠다.

'오진암! 한 시절 화려했던 몸짓 접고, 수려한 터에 무계원으로 다시 태어나다.'

건축미가 뛰어나 작은 궁궐이라 불리던 오진암이다. 표지석의 글처럼 아끼는 이들의 손길이 더해 다채롭고 아름다운 생명을 얻었다. 안채에는 이병직의 그림들이 있었으니 오랜 시간을 돌고 돌아 옛집으로 깃든 것인가. 그의 숨결인 양, 대나무 잎새가 서걱거리고 매화 꽃잎이 나붓나붓 피어나고 있었다.

오랜만에 무계원 마당 오동나무 곁에 선다. 한옥의 정갈함과 전통의 향기가 깊이를 더해간다. 연못가 뒷마당은 곱게 빗은 머릿결처럼 싸리비 자국이 단정하다. 서당 체험하는 아이들의 글 읽는 소리가 툇마루에 굴러다닌다. 인동초는 학처럼 꽃잎을 열고 막 담장을 넘는 중이다.

그립다, 어린 시절

　모처럼 거실 소파에 앉아본다. 아침 햇살이 자분자분 창을 오르내린다. 틈새로 들어온 부드러운 빛줄기가 거실을 한층 안온하고 여유롭게 한다. 커피잔에서는 향과 함께 하얀 김이 아늑하게 피어오른다. 오래전에 본 황룡강의 아침 물안개 같다. 마을 뒤로 구불거리며 흐르던 황룡강을 떠올리자 어린 시절을 보낸 우리 집 풍경이 그려진다.

　내가 태어나 자란 고향은 이백여 호가 되는 제법 큰 마을이었다. 작은 평야처럼 논밭이 마을을 빙 둘러싸고 있어 아늑했다. 우리 집은 마당을 합쳐 이백 평 정도 되었다. 고르게 자란 탱자나무가 텃밭과 집을 에워싸며 울타리를 이루었다. 울타리를 따라 사이사이에 감나무와 왕벚나무가 키를 다투었다. 뒤꼍 장독대 옆에는 포도 넝쿨이 차렁차렁 가지를 늘려갔다. 봄이면 하얀 탱자 꽃과 벚꽃이 튀밥처럼 울타리로 떨어져 내렸다. 가을에는 새콤한 향을 가득 채운 탱자가 조롱조롱 열렸다.

 간혹 살갗에 생채기를 내던 탱자 가시도 유용하게 쓰일 때가 있었다. 여름에는 강에서 잡은 다슬기를 삶아 먹었는데 알을 빼는 도구로는 그만한 게 없었다. 튼튼하고 길쭉한 가시 하나를 골라 다슬기 속살에 꽂은 다음 살살 돌리면 알이 쏙 빠졌다. 온 식구가 모여 앉아 다슬기를 까먹던 밤이면 하늘에는 은하수가 아득히 흘렀다. 와르르 쏟아질 듯 찬란한 별들이 무한상상의 세계로 나를 데려갔고, 하늘 끝으로는 별똥별이 한 줄기 선을 그으며 순식간에 스러져 갔다. 그런 밤이면 엄마 손은 바빴다. 말린 쑥에 불을 놓아 연신 식구들 쪽으로 부채질을 했다.

 찔레꽃머리에는 개구리 합창단의 연주가 끊이질 않았다. 그에 맞춰 집마다 품앗이로 모내기가 이어졌다. 나무에서도 변화는 시시각각 일어났다. 감나무는 작은 종처럼 앙증맞은 꽃을 연신 피워냈다. 나는 감꽃을 실에 꿰어 목걸이 삼아 걸고 다녔다. 시나브로 풋감에 살이 오르면 잠이 덜 깬 눈을 비비며 아침마다 감나무 밑으로 달려가곤 했다. 소금물 담긴 항아리에 덜 익은 감을 담가 놓기 위해서였다. 지금 생각해 보면 무슨 맛이 있을까 싶지만, 떫은맛 가신 감은 제법 달곰했고, 골라 먹는 것이 재미졌다.

마당이나 골목을 휩쓸고 다니던 친구들의 그림자가 짧아지면 어느새 한여름이었다. 태양이 머리 꼭대기에서 맴도는 날 아이들은 강으로 몰려갔다. 물놀이에 지칠 즈음 강가에 있는 아름드리 느티나무로 기어올랐다. 우람한 나뭇가지 등걸에 누워 한가로이 흐르는 구름을 바라보았다. 구름과 하나가 되어 내 몸도 어디론가 흘러갔다. 구름을 따라가면 그곳에는 무엇이 있을까 자못 궁금하기도 했다. 소공녀, 백설 공주, 신데렐라… 동화 속 주인공이 되어 상상 속으로 빠져들었다. 그러다 보면 눈앞에 보이는 마을도, 강물도, 나무들도 마치 꿈속의 풍경인 듯 아득하게 다가왔다.

겨울에는 놀이터가 달라졌다. 가을걷이가 끝나고 한바탕 추위가 몰아치면 논밭은 꽁꽁 얼어붙었다. 썰매를 타기에 더없이 좋았다. 아버지가 직접 만든 썰매는 겨울날 최고의 놀이기구였다. 두 뺨은 겨울바람에 빨갛게 익었다. 썰매를 타느라 넘어지기 일쑤여서 젖은 엉덩이 마를 새가 없어도 마냥 좋았다. 밭에서는 자치기가 벌어졌다. 딱! 따닥! 경쾌한 소리와 함께 날아가는 나무 막대기를 쫓아다녔다. 그럴 때면 추위는 먼 나라 이야기였다. 사내아이처럼 온 마을을 쏘다니며 놀던 시절이었다.

울타리 아래 잔설이 녹으면 아지랑이를 따라 봄이 왔다. 아버지와 나는 서둘러 꽃밭에 씨를 뿌렸다. 사내아이처럼 마을을 휘젓고 다니며 놀았어도 감성은 여렸다. 봄비가 내리고 난 뒤 부드러워진 땅을 밀고 새싹들이 고개를 쏙쏙 내밀었다. 아버지와 나란히 꽃밭 가에 앉아서 봉숭아네, 채송화네, 아니 맨드라미야! 서로 이름을 맞추느라 우기며 봄 한때를 즐겼다.

어린 딸과 놀기 좋아했던 아버지가 그립다. 외삼촌의 북장단에 무릎을 치면서 "쑥대머리 귀신형용…" 〈춘향가〉 한 대목을 구성지게 뽑던 아버지, 내 곁을 떠난 지 수십 년이 지났건만 어디선가 그와 비슷한 소리만 들려와도 눈시울이 붉어진다. 북장단에 흥겨워 쑥대머리를 부를 때, 비틀 배틀 막걸리 주전자를 들고 오는 어린 딸을 보며 아버지도 행복했을 것임을 이제는 안다.

그립다. 온 세상이 복사꽃처럼 아름답기만 하던 어린 시절과 마을풍경이 그립다. 친구들과 어울려 나물 캐고 찔레꽃 향기에 취하던 때도 이제는 아득한 옛일이다. 달빛 흐르는 강둑을 내달리며 거침없이 놀았던 그때, 연보라색 구절초가 흐드러진 강변은 어저께인 듯 선명하다.

그리운 시절이라 하여 어찌 즐겁기만 했으랴. 쓰라린 성장통이며 단내나는 시련도 적잖이 겪었다. 엎드려 홀로 울던 날도 많았건만, 지나고 나니 커피잔의 김처럼 어딘가로 흘러가 버리고 그 자리엔 그리움만이 차곡차곡 남아 있다. 마지막 남은 커피 한 모금을 오래도록 음미한다.

같이 갑시다

 마포 가든호텔 뒤 골목길에서였다. 낯선 풍경을 즐기며 호기심으로 두리번거렸다. 길 양쪽은 음식점과 금은방, 슈퍼와 옷 가게가 늘어섰고, 거리는 오가는 사람들로 활기찼다. 살랑살랑 종아리를 스치는 쪽빛 원피스를 입고 발령지를 찾아가는 중이었다.
 "저기요, 같이 갑시다!"
 연두색과 흰색, 빨강과 검은색 구슬로 한줄 한줄 엮인 발을 두 손으로 "촤라락~" 제치며 눈 맑은 청년이 나를 불렀다. 임명장을 받을 때 얼핏 본 얼굴이었다. 발령지가 같은 걸 알고 길목 찻집에서 기다렸단다. 스무 명의 새내기가 한 곳에 한 명씩 배치됐던데 우리는 동기가 있어 좋지 않냐며 싱긋 웃었다. 나도 따라 웃었다.

중학생 때였다. 오빠 친구 대여섯이 우리 집으로 몰려왔다. 수염 거뭇한 고등학생들이 나팔바지를 펄럭이며 우르르 방으로 들어갔다. 마당을 쓸던 나는 여기저기 뒹구는 운동화 짝을 맞춰 가지런히 놓았다. 얼마쯤 지났을까. 발신인 없는 편지 서너 통이 연이어 날아왔다. 첫눈 오는 날 강변에 있는 팽나무 아래서 만나잔다. 그런가 보다 지나쳤다. 소낙비가 내리던 고3 때 여름이었다. 밖에 나갔다 온 친구 희복이가 호들갑을 떨었다.

"야, 빨리 나가 봐. 니네 오빠가 우산 들고 기다려야."

서울에 있는 오빠가 웬일일까 싶어 교문 앞으로 뛰었다. 가무잡잡한 얼굴에 푸른 군복을 입은 청년이 서 있었다. 오빠 친구의 친구로 자신이 편지를 보낸 사람이라 했다. 당황스러워 휙 돌아서는데 그가 내 옷을 붙들더니 분식집으로 이끌었다. 김이 오르는 만두 접시를 사이에 놓고 침묵이 이어졌고 그는 넌지시 사귀고 싶다는 말을 건넸다. 좋아한다는 고백인데도 설레지 않았다. 나름 야물게 선을 그었고 그것이 끝이라 여겼다.

공무원이 된 후, 첫 임지를 거쳐 고향 면사무소에 근무할 때였다. 재산세를 비롯한 각종 지방세를 부과, 징수하는 업무를 맡았다. 논밭에 직접 나가 농작물의 작황을 조사했다. 벼나 보리에는 갑류농지세를, 수박을 비롯한 과채류에는 을류농지세를 매겼다. 거기에 더해 다음 해의 세입을 예측하는 추계와 복잡한 세표를 작성하는 것으로 한 해를 마무리했다. 승진이 멀지 않았고 인정받을 날이 계속될 줄 알았으나 그리 오래가지 못했다.

불길한 연극의 서막처럼 느닷없이 검은 그림자가 어른거렸다. 교문 앞의 그 남자였다. 내가 어디에 사는지 수소문했다던 남자는 하루걸러 정문 앞에 버티고 서 있었다. 내 마음은 열리지 않은 채 들녘은 색깔을 바꾸었고, 남자는 황소처럼 돌진해 왔다. 동료들과 면장까지도 퇴근하는 나를 오토바이나 자전거 뒤에 태워 집에 데려다주곤 했다. 일 년 넘게 꿋꿋한 척 견뎌냈지만, 실은 안개 속에 갇힌 듯 답답한 나날이었다. 끝을 알 수 없는 대치에 지친 나는 '그리도 좋다는데 눈 딱 감고 사귀어볼까?' 갈등이 일 때도 있었다. 남자는 지치지도 않았고 끝내 눈은 광기로 번들거렸다. 내 몸무게는 45kg까지 내려갔다.

위로받고 싶었다. 친구 손에 이끌려 광주 돌고개 나지막한 동네를 찾았다. 간짓대 끝에 꽂힌 하얀 깃발이 기와지붕 사이로 펄럭였다. 머뭇머뭇 들어가 반쯤 담은 보릿자루처럼 구겨 앉았다. 눈빛이 형형하던 노파가 내게 한마디 던졌다.

"어린 처녀가 뚝심이 대단허구만. 잘했어. 두고 보소마는 자네 귀인貴人은 북쪽에 있네."

그 말이 아니어도 뭔가 결단을 내려야만 했고 그리할 생각이었다. 아무 일 없는 안온한 일상이 간절했다. 제멋대로 내 인생에 끼어들어 항로를 바꾸게 한 그를 저주하며 사표를 던졌다. 내 고향과 일터를 좋아했지만, 내 의지와는 달리 떠밀리고 말았다. 작은 쪽배가 바람에 밀려가듯 하릴없이 서울 이모 집으로 향했다.

공직과 인연이 깊었던지 다시 서울시 공채에 합격했고 눈빛 순한 동기를 만났다. 서로의 거처가 홍은동과 불광동이었다. 방향이 같아 퇴근길에 동행하며 서울이 낯선 내게 그는 길잡이가 돼주었다. 알고 보니 동기는 국세청 공채에 합격한 상태였다. 발령까지 일 년을 기다려야 하는 게 지루하던 참에 우연히 서울시 시험에 응시했더란다. 그런 경우가 어딨냐며 웃었지만, 왠지 필연이라는 예감이 들었다. 서로 만나는 꼭짓점을 향해 부지런히 달려온 느낌이었으니.

버스가 연희동 플라타너스 길에 들어서면 동기는 내 팔을 잡아당겼다. 만날수록 편안하고 대화가 통해 서로에게 녹아들었다. 이야기에 정신이 팔려 세검정을 지나 평창동을 거쳐 매캐한 북악터널 안을 걸을 때도 있었다. 슬며시 손이라도 닿으면 짜릿했다. 한 사람으로 인해 세상 모든 게 찬란해 보였다. 그는 발령받은 지 넉 달 만에 새 임지로 떠났고 그리고는 남편으로 내 곁에 섰다. 동기는 그렇게 나의 '북쪽의 귀인'이 되었다.

오래전, 내 젊은 날을 흔들었던 남자의 뒤틀린 열정은 무엇이었을까. 그 남자가 아니면 나의 서울행은 없었을 테니, 그는 어쩌면 나와 남편을 묶어준 운명의 메신저였는지 모를 일이다. 돌아보면 그 남자 또한 막막한 외사랑에 몸부림치던 설익은 청춘이었던 것을. 이제야 그 남자를 향해 되새김질하던 옹졸한 저주를 거두어들인다.

자박자박 함께 걸어온 사십 년 인생길, 더 깊고 따뜻해진 남편의 눈길에 시간의 흔적이 녹아있다. 거실로 드는 햇살을 등에 지고 신문을 뒤적이는 남편 옆에서 섬초를 다듬는다. 너울가지 없는 싱거운 사람이지만, 별스럽지 않은 내 말에 헤벌쭉 웃곤 하니 이것이 부부의 연이던가.

같이 가자던 목소리에 홀리듯 찻집으로 들어간 첫걸음. 그게 한 평생을 같이 걷는 대장정이 시작이었음을 그때는 알지 못했다. 그러므로 삶이란 오묘한 것이려니.

임곡역을 지나며

 광주에 갈 때 종종 기차를 이용한다. KTX가 생기면서 분주했던 임곡역은 폐역이 되어버린 지 오래다. 한때 북적거렸던 한옥 청사를 기억 속에서 더듬는다. 내가 좋아했던 길, 금방이라도 파어날 듯 꽃망울이 부풀던 오래된 벚나무 길도 흔적이 없다.

 내 나이 스물한 살, 엄숙한 분위기 속에서 군수에게 첫 발령장을 받았다. 내무부 공채에 합격한 신출내기 공무원 열두 명이 나란히 섰다. 그중 절반인 여섯 명이 나를 포함한 앳된 소녀였다. "아이고, 인자 남자들은 집에 가서 애기나 봐야 쓸랑가?" 여직원 여섯이 뉴스거리였는지, 나이 지긋한 남자 직원들은 농을 던졌다. 수백 명 직원 중 공채 여직원은 부녀 계장과 주임 단 둘뿐이었으니 그럴 만도 했다. 동기들은 각자 임지로 떠났고 임용장을 챙긴 나도 임곡행 기차를 탔다. 앞에 펼쳐질 미래는 어떤 모습일까, 내 선택은 옳은 것이었을까… 많은 생각이 머릿속을 분주히 오갔다.

나는 대학 진학을 포기한 상태였다. 담임 선생님은 예비고사 성적표를 가리키며 서울로 못 간다면 광주교내라도 가라고 했으나 결정을 바꾸지 않았다. 동생과 나를 연이어 대학에 보내기엔 집안 형편이 녹록지 않음을 알기 때문이었다. 내 맘을 짐작한 외삼촌이 생각 끝에 공무원을 권했다. 달갑지 않았지만 달리 대안도 없었다.

재색 기와를 인 한옥 청사, 임곡면사무소가 첫 근무지였다. 말끔하게 가꾼 정원으로 들어섰다. 담장에 기댄 자목련은 화사했고, 청사를 감싼 나무들도 생기로웠다. 마당에는 태극기와 진초록 새마을기가 무희의 치마처럼 나부꼈다. 면장실로 향했다. 조심히 걷는데도 오래된 마루는 쿵쿵, 삐걱대며 발걸음 소리를 숨겨주지 않았다.

가무잡잡한 피부 덧인지 하얀 이가 도드라져 보이던 면장이 팔자걸음으로 성큼성큼 다가왔다. 그가 내민 두꺼비 같은 손을 잡자 위아래로 흔들어대며 말했다. "아따, 들어오는 거 보니 씩씩허구만잉. 배양 잘 오셨소!" 반겨주는 게 좋으면서도 난데없이 '배양'이라 불려 난감하고 어색했다. 그런 호칭이 많이 쓰이던 때였지만, 다방 '레지 아가씨'가 된 듯 찜찜했다.

임곡면은 집에서 한 시간 남짓한 곳인데도 출퇴근이 문제였다. 아

참이면 집 근처 송정리역에서 임곡역으로, 저녁에는 집으로 가는 기차 편이 없었다. 자취를 시작했다. 조용한 마을, 젊은 부부의 텃밭 딸린 기와집 건넌방이었다.

70년대 중반 시골집은 대부분 무허가였다. 가족끼리 뚝딱뚝딱 집을 짓고 기존 집에 덧대어 넓히는 일도 흔했다. 무허가건물을 파악하는 업무가 시작되었다. 동행을 자원한 총각 직원 자전거에 매달려 하얀 억새가 한들거리는 강변을 달렸다. 바람을 가르며 논두렁에 접어들면 메뚜기가 폴짝폴짝 뛰어다니고 콩알이 툭, 툭 껍질을 박차고 튀어 올랐다.

평수를 알기 위해 집집이 평면도를 그리고 일일이 줄자로 길이를 쟀다. 밤에는 손가락이 아프도록 큼지막한 전자계산기를 두들기며 건축물대장을 만들었다. 동네마다 출장이 잦다 보니 재산세가 부과될 거라는 소문이 돈 모양이었다. 주민들이 몰려와 퇴근길을 막는 바람에 소란이 일어나곤 했다.

집으로 오는 고샅은 비에 젖은 수채화처럼 흐렸다. 친구들은 풋풋한 여대생인데 나는 뭘 하는 거지? 산자락을 누비는 것도 모자라 줄자 들고 골목이나 헤매다니, 휑한 골바람이 가슴팍을 할퀴었다. 대문에 들어서면 '오매, 내 새끼 왔는가.' 두 팔 벌려 반기던 엄마가 그리워 이불 속으로 파고들었다. 그런 밤이면 집 뒤 대나무 숲,

댓잎들이 서걱거리는 소리에도 와락, 무섬증이 일곤 했다.

앉은뱅이책상 위에 다시 책을 펼쳤다. 야간대학에 갈 생각이었다. 그런데 이게 무슨 일인가. 예비고사 전날 기다렸다는 듯 감사반이 떴다. '서정쇄신 운동'이 한창이라 풀잎도 떨 만큼 서슬이 퍼랬다. 공직사회는 바짝 긴장해 있었고 암행 반이 불시에 들이닥치기도 했다. 하필 그날이라니, 서류를 안고 감사장을 드나드는 사이 꿈은 흩어져버렸다.

나목의 꽃눈에도 살이 오르듯 작은 꿈이 영글던 임곡이었다. 그곳에서의 담금질은 내 생의 우듬지를 키우는 거름이 되었다. 인내하고 성취하며 열정을 쏟은 시간이 쌓여 서울시에서 공직을 마무리할 수 있었다. 소원하던 대학에의 열망도 이뤄냈다.

임곡역을 지난다. 한옥 청사가 기억 속에서 튀어나오고 동동거리며 뛰어다니는 내가 보인다. 긴 공직생활의 출발역이었고 생의 디딤돌이었던 건물이 뚜렷한 형체로 스친다. 벚꽃 피는 계절이면 분분히 날리던 꽃잎처럼 많은 날이 지났다.

스물한 살의 나는 여전히 머리카락 휘날리며 욜랑욜랑 꽃길을 걷고 있다.

삼투

 햇볕이 이글이글 수직으로 꽂히는 오후, 오이를 사러 고창 오일장에 갔다. 북적이던 장날 분위기는 잦아들고 채소전은 파장 직전이었다. 짤막하면서도 크지 않은 오이를 오십 개 묶음으로 팔지 않을까 했는데, 없었다. 남은 거라곤 오이지 담가에 마땅치 않은 길쭉한 데다 통통한 오이뿐이었다. 망설였지만 때를 놓치면 안 될 것 같았다. 아쉬운 대로 그중 나아 보이는 묶음 하나를 골라 들었다.
 오이를 소금물에 씻어 소쿠리에 건진다. 예전엔 소금물을 끓여 부었으나, 요즘 알게 된 새로운 방법으로 담가볼 참이었다. 커다란 통에 오이 한 켜를 눕히고 설탕과 소금, 식초를 각자의 비율대로 살살 뿌려준다. 오이를 눕혀가며 서너 번 반복한다. 마지막에 꾹꾹 눌러 다독거리고는 소주를 고르게 붓는다. 뚜껑을 닫으면 끝이다. 이젠 오이가 할 일만 남았다.

  하루가 지나자 오이는 모양이 변하기 시작한다. 시간이 지날수록 몸피가 줄고 물은 차오른다. 작은 오이가 그토록 많은 물을 담고 있었던 게 신통하다. 특정 식물에는 보이지 않는 미세한 구멍이 있다. 어떤 입자는 반투막 사이로 자유로이 넘나들기도 한다. 이것이 삼투다. 오이는 재료와의 농도를 맞추기 위해 쉼 없이 반투막을 통해 몸의 물을 뽑아냈으리라.

  남편과 나는 서울시로 발령받은 공무원 동기였다. 사는 집도 방향이 같았다. 버스로 함께 오가며 자연스럽게 가까워졌다. 그는 직장 이야기에 일찍 혼자된 어머니와 기타를 좋아하는 남동생 이야기를 덧붙였다. 듬직했고, 다양한 분야에 걸쳐 말 잘하는 남자로 보였다. 대화가 잘 통하는 것도 좋았다. 이렇게 매력 있는 남자를 왜 이제야 만났나 싶었다. 반투막이 송송 열렸던지, 슬그머니 잡은 두 손으로 달큼하고 짜릿한 감정이 오갔다. 그렇게 일 년이 흘렀다. 매일 반복되는 정류장의 헤어짐이 못내 아쉬워 더위도 가시지 않은 9월 첫 주에 결혼식을 올렸다.

  살림을 꾸리고 보니 우리는 달라도 한참이나 달랐다. 사귈 때는 말도 잘하더니 도통 말이 없는 사람으로 변했다. 살랑살랑 농담을 걸어도 커다란 두 눈만 껌벅이고 있어 내 속은 부글거렸다. 친구나

선배가 붙들면 통금시간을 넘겨 노느라 종적을 감추는 바람에 물리고 싶은 적이 한두 번이 아니었다.

귀까지 얇았다. 친구가 내민 그럴듯한 청사진에 부푼 희망을 안고 사업 전선으로 뛰어들었다. 관세청에 있던 친구가 먼저 사직하고 사업을 하게 되면서 남편을 꼬드긴 것이었다. 일찌감치 가족을 따라 파라과이로 이민 간 친구는 현지에서 꽤 성공한 사업가였다. 그렇게 셋이서 사업을 시작한 것이었다.

서울시를 거쳐 국세청에 근무하던 남편을 설득한 요지는 "우리는 각 분야의 전문가로 환상의 팀이 아니냐. 젊었을 때 돈 벌어 이 사회에 좋은 일도 해 보자."였다. 남자의 사십 대는 도전 시기라며 당차게 깃발 걸고 출항했다. 기세부리며 출발했으나, 세 남자의 꿈틀거리는 야망을 품은 뱃길은 그리 녹록지 않았다. 몇 년이 지나지 않아 난파하고 말았다. 험난한 세상에 뛰어들면서도 사업구상은 고래 잡는 그물처럼 엉성했다. 원거리 친구와의 소통이 원활치 못했던 것도 원인으로 작용했다.

잃어버린 걸 되찾으려는 불안한 행보를 다시 시작했다. 왜 실패했는지에 대한 반성 없이 현실성 없는 사업을 향해 불나방처럼 뛰어들곤 했다. 대화는 엇갈렸다. 금성에 있는 나와 화합할 수 없는 화성에서 온 남자가 되어갔다. 무엇보다 남편은 믿었던 친구의 배신을 견디지 못했다. 그에 더해 무거운 짐을 가족에게 지게 했다며 괴로워했다. 판단 부족이 사업을 망쳤다는 자책으로 술잔을 비웠다.

이제는 내려놓아야 한다고 격려했다. 누구든 실수할 수 있으니 지난 일에서 멀찍이 떨어져 자신을 돌아보라고 달랬다. 나 역시 믿고 지지했던 남편에 대한 배신감과 삶의 무게로 버거웠다. 하지만 감당하며 견뎌냈다. 고통에 매몰되어 나와의 반투막이 닫혀버린 남편을 어떻게든 세워야 했다. 아직은 젊으니 다시 시작할 수 있다고 보듬었다. 더는 수렁으로 걸어가지 않도록 허리춤을 부여잡았다.

애면글면하면서도 집 앞 이대 교정을 산책하고 한강 변을 같이 걸었다. 그게 안정제가 되었던지 얼마의 시간이 지나는 동안, 조금씩 남편의 변화가 느껴졌다. 생각에 잠기는 날도 많아졌다. 도서관과 서점을 드나드는 횟수도 늘어갔다. 내면에 분명 무엇인가 흐르기 시작했다. 기회였다. 딸이 있는 홍콩으로 가족여행을 떠났다. 홍콩의 야경과 명소를 즐기며 여행이 끝나가던 어느 날, '미드 레벨 엘리베이터'에 올랐다.

고지대 주택가 중간중간 역 주변엔 맛집이 즐비했다. 이색적인 카페로 들어갔다. 여행지의 홀가분한 여유가 무언가를 쏟아내게 했던가, 맥주 한잔을 놓고 앉으니 가슴 깊이 눌러두었던 말의 입구가 열렸다. 아물다 덧나곤 하던 상처를 끄집어냈다. 어루만지고, 위로하며 짓누르던 심연의 무게를 조금씩 덜어냈다. 이윽고 연민과 눈물이 그렁한 얼굴을 서로 바라보다 말없이 그러안았다. 여행에서 돌아온 후, 내 손을 부여잡은 남편이 말했다.

"여보, 내가, 그동안 잘못 살았네. 당신 고생 많았어. 고맙고, 정말 미안해!"

얼마나 듣고 싶은 고백이던가. 이제 됐구나, 싶은 고마움에 뜨거운 무엇이 복받쳤다. 남편은 말없이 내 뺨을 쓸어내렸다. 담담하면서도 충만한 손길이었다. 오이가 물을 짜내듯 남편은 버려야 할 걸 덜어내려 애쓰고 있었다.

날개 꺾인 새처럼 안쓰러웠다. 싱그러운 식물을 접하는 게 도움 되려나 싶었다. 우연히 듣게 된 '허준의 약초 교실'을 좋아했다. 숲길을 걸을 때면 나무와 풀잎을 만지고 살피며 편안해했다. 때맞춰 '나무 의사' 소개 글이 눈에 띄었다. 도전해 볼 것을 권했다. 남편은 조경을 시작으로 도시 텃밭, 토종 종자, 식물 보호 분야에 파고들었다. 시들었던 나뭇잎이 빗줄기를 반기듯, 갈라진 논바닥이 생명수를 빨아들이듯 목마름을 풀어냈다. 흙 속의 물을 한껏 퍼 올린 식물처럼 생기가 돌았다. 머나먼 길을 돌아온 남편의 얼굴에 연두의 싱그러움이 번지기 시작했다.

노르스름해진 오이지 두 개를 꺼낸다. 잘 숙성된 오이는 자신을 버린 듯 물기가 빠졌다. 다른 재료를 온몸으로 받아들인 후에야 혀끝에 감기는 감칠맛을 얻었다. 아삭해진 오이는 쪼글쪼글한 몸피로도 당당하다. 동행의 농도를 맞추기 위해 무던히도 밀고 당기던 남편과 나를 보는 듯하다. 욕심도 후회도 다 내려놓은 지금, 넘침도 모자람도 없이 반투막을 넘나든다.

 쫄깃한 오이지를 어슷어슷 썰어 물을 붓고 참깨와 얼음 몇 개를 띄운다. 호화로운 별미도 아니건만, 담백한 냉국에 자꾸만 손이 간다.

홍시

 어릴 적 살던 집에는 감나무가 두 그루 있었다. 수령이 제법 된 나무지만 해마다 흐벅지게 꽃을 피웠다. 꽃이 마당에 하얗게 쌓이면 나는 구슬처럼 꿰어 목걸이를 만들어 걸고 다녔다. 얼마 지나지 않아 나무는 풋풋하고 동글동글한 열매를 맺어 매일 조금씩 떨어뜨렸다.

 아침이 되면 눈을 비비며 나무 밑으로 쪼르르 달려갔다. 곳곳에 떨어진 또록또록한 감을 줍는 게 재미졌다. 치마폭에 풋감 대여섯 개를 담아와서는 소금물 풀어놓은 단지에 넣어두었다. 시시때때 열어보며 어서 익기를 기다렸다. 몇 날인가 붉은 노을이 지고 나면, 감은 노을빛을 닮아갔다. 억지로 익은 풋감이 얼마나 맛있었을까마는 항아리 뚜껑을 열 때의 설렘이 아직도 생생하다.

하나는 단감, 다른 하나는 대봉감이었다. 단감을 먼저 따 먹고 대봉감은 물드는 걸 봐가며 골라 따곤 했다. 대봉감은 지푸라기를 켜켜이 받쳐가며 항아리에 저장해 두었다. 눈 내리는 겨울밤, 간식으로 그만한 게 없었다. 어릴 땐 그저 딴딴한 감이 말랑말랑한 홍시가 되는 게 신기했다. 햇빛이며 바람은커녕 부엌 뒤 어둡고 냉기 도는 항아리 안에서 말이다.

지난가을, 이웃이 건네준 대봉감을 현관 한곳에 놓아둔 적이 있다. 잊어버리고 드나드는 사이 주황이던 색은 점점 붉게 변해갔다. 단단하던 몸피도 한결 투명하고 말랑해졌다. 붉은 홍시로 익어가는 데는 무엇이 작용할까. 문득 홍시를 노인과 비교한 어느 수필가의 글이 생각났다. 거부할 수 없는 늙어감의 쓸쓸함, 익어가는 것과 늙음은 어떤 상관관계가 있을까. 홍시 또한, 익어갈 때 소용돌이치는 내직 변화가 있을 거라는 부질없는 상상을 해본다.

흐르는 시간을 안타까워하며 늙어감을 한탄하지만, 저저 익어갈 수는 없지 않은가. 따가운 햇볕에 온몸을 데이고 세찬 비바람에 흔들리며 떨어지지 않으려 안간힘으로 버틴다. 속살을 헤집는 변화의 열기를 견뎌야만 달콤하게 익어가는 감처럼 말이다.

그렇다고 모든 감이 홍시로 완성되는 건 아니다. 가지를 붙잡는

함이 부족해 추락하는 것들도 부지기수다. 매달린 채로 곯아버리거나 꺼멓게 썩는 것도 생기기 마련이다. 그런 운명에 놓이지 않으려면 온 힘으로 가지를 붙잡아야 한다. 아름답고 온전하게 익어가기 위한 과정은 인고를 요구한다. 성장의 아픔을 지나야 내면이 튼튼하게 영근다. 사람이라고 다를 게 없다. 아름답고, 혹은 잔잔하게 늙어가는 일, 완성으로 가는 일은 그래서 어렵다.

"완성이란 시간의 변화가 아닌 영적 변화인 것을. 한 편의 글쓰기도, 인간의 품격도 이와 같은 게 아닐까 문득 그런 생각이 들었다."라고 한 맹난자 수필가의 〈홍시〉라는 작품의 한 구절이 생각난다.

늦가을, 감나무에 달려 농익은 홍시는 말이 필요 없다. 완성이란 게 어떤 건지 풍경으로 보여주며 최고의 단맛으로 만족시킨다. 까치들이 이따금 날아와 성찬을 즐긴다. 찬바람 속 가지 끝에 절정의 맛을 까치밥으로 나누는 공생의 미덕이 빛난다. 익어간다는 건, 그런 게 아닐지.

내가 결혼한 뒤에도 엄마는 대봉감 보따리를 보내곤 했다. 늦가을 바람으로 잘 익은 감은 굵직굵직했다. 항아리에서 농익어 물컹한 홍시에서는 엄마 냄새가 났다. 엄마의 삶이 투영된 맛, 평생 내 안에 있던 엄마의 살 냄새였다. 농부의 아낙으로 애달복달 육 남매를 키워내며 당신의 시간을 익히느라 동동거렸던 '어머니'의 향내였다.

가지에 휘어지게 매달린 감들이 익어가는 가을이다. 떫은 물이 빠지고 홍시가 되어간다는 건, 풋감 같은 젊은 엄마들이 어머니가 되어가는 과정이 아닐까. "푸른 빛이 주홍색으로 변환되는 동안 내면에 일어나는 발열과 인고의 시간을 감내"하고 견디면서 말이다. 그래서 홍시를 보면 저마다 어머니를 떠올리는 것이라라.

"익었느냐?"라고 스스로 묻는다. 익기는커녕 철들지 못한 떫음 그대로다. 언제쯤 글과 사람의 격을 조금이나마 갖출까. 나이테 반의 반이라도 채울 수 있다면 좋으련만 완성이란 시간의 변화가 아닌 영적 변환인 것을 실감한다. 갈 길이 멀다. 어제보다 조금 더 깊이 있는 문장을 쓰고 싶어 몽그린다. 다홍빛 홍시를 바라보며 나도 따라 익어가고 싶다.

연둣빛 새순

 지인에게서 뜻밖의 연락을 받았다. 서울시니어스타워의 여섯 개 본부 중 하나인 고창에 요양보호사교육원을 신설하는데 나를 추천하겠다는 내용이었다. 고창본부는 고창웰파크시티라는 이름으로 사십여만 평 부지에 십 년 넘게 조성 중인 힐링의 신도시다.
 이미 일반주택과 상가가 있는 데다 종합병원과 게르마늄 온천, 골프장과 황토 펜션이 운영 중이었다. 육백 세대 가까운 실버타운이 있고 노인전문 요양병원까지 건립하고 있어 그곳에 필요한 인력을 키우는 교육원을 설립한다고 했다. 내가 적임자이니 원장을 맡아 달라는 얘기였다.
 가족들의 걱정과 아들의 반대가 심했다. 공직생활을 마치고 여행과 문학을 통해 은퇴 생활에 재미 붙인 내 일상이 흐트러지는 게 싫단다. 굳이 가족을 떠나면서까지 다시 일을 시작할 이유가 없다는 것, 맞는 말이었다. 하지만 미지의 것을 향한 새로운 도전과 새 일터를 포기하기엔 아쉬움이 컸다. 마음은 고창으로 기울었다. 두어 번의 가족회의 끝에, 마음이 바뀌거나 힘들면 언제든 돌아오라는 전제를 달고 조건부 결론을 맺었다.

짐을 차에 싣고 남편과 함께 떠나던 날, 어머님과 긴 포옹을 했다. 아흔이 되어가는 연세에 다시 살림을 맡겨야 하는 상황을 만들어 마음이 복작거렸다. 건강이 좋지 않은데도 어머님은 흔쾌히 말씀하셨다.

"에미야, 식구들 밥 좀 하는 게 뭐 일이라냐, 혼자 있을 니가 걱정이지. 내 며느리가 쓰임 받는 사람이라 나는 행복하다. 미안해 말고 몸조심하게."

오랜 세월 함께 산 어머님은 한결같이 꽃을 감싸는 꽃받침 같았다. 늘 내 편이었다. 직장생활에 동동거리는 나를 여린 꽃잎처럼 여긴 분이었다. 핑 도는 눈물을 감추고 남편과 함께 고창웰파크시티로 달렸다.

벚꽃 망울이 톡, 톡 꽃잎을 열기 시작했다. 홍가시나무 빨간 새순은 봄볕에 반짝이고, 오롱조롱 발그레한 사과 꽃망울도 터질 듯 부풀었다. 생생한 수런거람이 날아든 교육원은 손님맞이로 분주했다.

군청색 테이블보를 씌운 탁자 위에 순백의 장갑과 금빛 가위들이 줄을 섰다. 보라와 분홍, 노랑꽃이 조화를 이룬 코르사주도 나란히 놓였다. 나지막한 지주에 매어놓은 오방색 테이프는 봄바람에 그네 타듯 낭창낭창 흔들렸다.

'서울시니어스타워' 이사장을 비롯한 본사와 고창본부 임원들이 행사장으로 들어섰다. 관내 사회복지시설장과 고창군 간부 등 외빈들도 속속 자리를 채웠다. 옷매무시를 가다듬은 팀장이 사회대 앞에 서고 개원식이 시작되었다. 먼저, 회색 수트 차림에 은발이 잘 어울리는 이사장이 여유롭게 말문을 열었다. 대장암과 항문외과 분야의 명의로 마치 성직자 같은 선한 풍모였다. '건강하고 풍요로운 노인천국'을 만드는 것이 평생의 꿈이라고 했다. 삼십여 년의 열정에도 아직 못다 한 것이 많은지 치매와 파킨슨병으로 고통받는 어른을 살피는 전문시설을 짓겠다는 이야기도 이어졌다. 그를 뒷받침할 교육원에 대한 기대를 인사말에 담았다.

외빈의 축사에 이어 내 차례가 왔다. 준비 기간이 불과 3주라 부족했지만 '고창본부 요양보호사 교육원장'으로서 진심을 건넸다. 어르신을 존중하고 섬기는 전문인을 배출하겠노라 했다. 그들이 겸손하고 따뜻한 요양보호사라는 입소문이 나게 하겠다는 포부를 밝혔다. 교육받고 싶은 명품교육원으로 키워가겠다고 자신했다. 새

내기지만 아름다운 그 철학을 실현하는 데 힘을 보태고 싶었다.

숙소는 황토펜션 13동 2층, 완만한 언덕에 있어 단지 전체가 한눈에 담겼다. 울울창창한 방장산과 길게 뻗은 벚나무길이 보였다. 곧 피어날 철쭉동산과 나무 사이를 쉴 새 없이 날고 있는 새들이 활기를 더했다. 바로 앞 연못 '외정지'에서는 잔잔한 물결을 가르며 분수가 솟구쳤다. 창을 열고 바라보는 풍경은 아늑했다. 언제까지 있을지는 모르나 정을 붙이고 마음에 담아야 할 곳이었다.

사는 모양새가 궁금했던지 한주 만에 남편이 다시 내려왔다. 컴퓨터를 살펴보고 헐렁한 곳은 조여놓고, 쓰기 편하도록 이것저것 매만지더니 이만하면 괜찮다 싶은지 갈 채비를 했다. 그 사이 봄볕은 버드나무 새순을 봉긋 틔웠다, 쑥과 지칭개, 망초 새순이 푸름을 더하고 노란 민들레를 깨우는 새소리도 훨씬 가벼워졌다. 몇십 년을 함께해온 데면데면한 부부도 애틋할 수 있는 것인가. 멀어지는 차 꽁무니를 흐릿한 눈으로 바라보았다.

이제, 예전의 감각을 깨워 일을 시작해야 했다. 제1기 교육생 십여 명으로 단출하게 개강했다. 칠십이 넘었지만, 어르신께 봉사하겠다는 전직 교사, 아픈 아버지를 개원할 요양병원에 모시고 일하며 돌보겠다는 효녀, 허약한 부인이 아플까 봐 미리 자격증을 마련해 두겠다는 남편도 있었다. 도배일을 하며 치매 시어머니를 잘 모시기 위해 배우려는 오십 대 여성의 사연도 특별했다. 저마다 존귀하고 값진 마음이 꽃잎을 받쳐주는 꽃받침 같았다.

나는 누군가의 꽃받침이었던가, 그런 적이 있었던가. 늘 어머님이 보듬어주었고 상사와 동료가, 심지어 후배들까지 나를 도왔다. 약한 이에게 손을 내밀기보다 그 안온함을 그저 누리기만 했을 뿐, 진심으로 마음 아파해 본 적이 있었는지 생각해 보았다. 소나무 그림자가 길게 누운 연못가 오솔길을 오래도록 서성였다.

꽃구름 같던 벚꽃이 어느덧 하얀 꽃비로 날린다. 하롱하롱 나풀거리는 몸짓을 꽃받침은 하릴없이 바라본다. 이윽고 벚나무 가지마다 연록의 새순이 올라오고 도르르 말린 이파리는 꽃받침을 향해 위로하듯 손을 내민다.

나도 푸른 이파리가 되리라. 이제는 싱그러운 빛으로 어머님의 든든한 지지대 역할을 해야지, 누군가의 꽃받침이 되려는 교육생에게는 튼실한 이파리로 청신호를 켜리라.

초록을 향해 가는 연둣빛 이파리 위, 봄 햇살이 차분하다.

여기서 이러시면 안 됩니다!

 고찰로 이어진 오솔길은 호젓하고 정답다. 즐빗이 선 단풍나무에 맑은 풍경소리가 주렁주렁하다. 계절마다 특색이 있지만, 봄이면 머위가 지천으로 자라는 곳이다. 경내로 들어가는 비탈길 양쪽부터 범종각 앞까지 초록의 물결이다. 대웅전 뒤 벼랑에도 하트 모양 이파리들이 햇살 아래 수북하다.
 머위밭을 발견한 건 지난해였다. 다보록한 모양새에 우뚝 발걸음을 멈췄다. "어머나, 이럴 수가!" 반가움에 바짝 다가섰다. 나도 몰래 손을 내밀었다가 이내 거두었다. 부처님이 죽비라도 내리칠 것 같아 망설망설 내려오는데 아쉬움이 걸음마다 매달렸다.
 며칠 지나, 서울에서 온 지인들과 다시 문수사 탐방에 나섰다. 사람이 많아선지 용기가 생겼다. '수북한 머위 좀 땄다고 어쩌랴.' 배짱도 두둑해졌다. 재바르게 머위를 뜯어 모자와 손수건에 눌러 담고 일어섰다. 마침, 저녁을 먹으러 간 곳이 장어집이었다. 주인은 첫물이라 연하디연한 머위를 파릇하게 데쳐 내왔다. 노릇하게 익은 풍천장어에 생강 채와 마늘을 곁들인 머위 쌈은 입안을 봄 향기로 가득 채웠다. "쌉싸름한 게 아주 별미네요, 이런 호사를 누리다니!" 다들 머위 향에 빠져 손과 입이 바빴다.

이삼일 지나자, 푸른 밭이 눈앞에 오락가락한다. 친구 희복이와 다시 문수사로 달렸다. 바늘 도둑이 소도둑 된다더니, 이젠 죽비 소리도 두렵지 않다. 두둑하게 뜯어온 머위로 장아찌를 담아 희복이와 나눴다. 마치 내 밭이라도 된 양, 며칠 있다 또 가자고 인심까지 썼다. 머위를 좋아해서 생긴 봄날의 해프닝이었다.

해마다 봄이 되면 나는 머위 앓이를 한다. 마트나 시장에서 손쉽게 살 수 있지만 직접 뜯고 싶어 안달이다. 그러니 초록 우거진 곳에서는 눈부터 바빠진다. 맞춤하게 자란 머위를 찾느라 비탈이나 산자락을 훑는다. 용케 발견하면 환호성을 터트리며 달려간다. 그렇게 채취한 것들을 야들야들하게 데친다. 된장 한술에 조물조물 무치거나, 접시에 펴 담아 쌈장을 곁들인다. 머윗대는 바지락과 들깻가루를 넣어 국물 자작하게 볶아낸다. 유별한 머위 애착이다. 왜 그리 머위가 좋을까. 쌉싸름한 맛을 좋아하는 취향 때문인가, 아니면

몸이 원하는 것을 채우려는 본능인가. 이 머위 사랑은 어디로부터인가, 곰곰이 생각하니 그 시원은 엄마였다.

그런 연유로 머위를 보면 옛집과 엄마가 떠오른다. 오래전부터 머위는 친숙한 먹을거리였다. 어릴 때 살던 집 텃밭 가에는 다보록하게 머위가 자랐다. 부추며 돌나물이며 봄을 상징하는 여러 가지가 있지만, 머위는 특별했고 잎이 풍성해서 좋았다. 엄마는 이 모양 저 모양의 머위 반찬을 밥상에 자주 올렸다. 나는 어느새 씁쓰름한 맛에 길이 들었던가 보았다.

살다 보니 인생에도 쓴맛이 가득했다. 어쩌면, 엄마는 번잡한 세상 속에서 살아갈 어린 딸에게 수굿이 견디고 사는 법을 알려주고 싶었는지 모를 일이다. 구순을 넘기고도 딸의 식성을 잘 아는 엄마의 사랑은 이어졌다. 찬바람이 물러나고 햇살이 창가에 들어차는 봄이면, 집안에는 씁쌀한 머위 향이 너울거리곤 했다. 머위는, 머위를 뛰어넘는 의미를 지닌 엄마와 나를 잇는 끈이었다.

꼿꼿한 줄기에 잎을 활짝 연 머위밭 위로 손을 뻗친다. 이파리 서너 장을 막 뜯어 쥐던 참이다. 쩌렁쩌렁한 소리가 고요한 산사 가풀막을 흔든다. 화들짝 놀라 둘러보니 아무도 없다. 엉겁결에 두 손을 모아 합장한다. '지난 머위 서리는 꽤 푼푼한 행운이었구나~' 와중에도 앙가슴을 쓸어내린다. 허둥허둥 단풍길을 되짚어 내달리는

데 뒤통수에 목소리가 달라붙는다.

"보살님, 경내에서 임산물을 채취하시면 안 됩니다. 앵!"

참을성 없는 여자

"아유, 그만하고 치웁시다." 아내는 걸핏하면 그만하자고 판을 걷어버릴 태세다. 참을성이 없는 건지 귀찮은 건지 알 수 없다. 요즘 자주 하는 일 중 하나는 딸내미네 작은 건물을 손보는 일이다. 설비회사에 맡겨 보수공사를 마쳤다고 했는데 내 눈에는 마땅찮은 게 걸린다.

몇 년 전에는 아파트 베란다를 산뜻하게 바꿔 볼 생각에 페인트 칠을 시작했다. 설마 아내가 도울 수 있을까 했는데 롤러를 들더니 망설임 없이 쓱쓱 칠을 해나갔다. "재밌네, 재밌네"를 굿거리장단처럼 읊조리며 신바람을 내는 게 아닌가. "제법이야, 보조로 써야겠어."라는 말에 "얼마든지…" 하며 콧대를 높였다. 그러던 사람이 어느 사이 달라졌다.

조금만 일이 지체되어도 전문업자를 불렀어야 한다며 투덜대기 일쑤다. 나는 무언가를 하다 막히면 원리를 먼저 생각한다. 게다가 요즘이 어떤 세상인가. 유튜브만 봐도 정보가 넘쳐난다. 그중 적당한 영상을 찾아 참고하면 된다. 어떻게든 결국 해내는 게 내 성미다. 아내는 성취감이 주는 만족을 모르는지 한 번에 안 되면 집어치울 생각부터 한다. 나이를 어디로 먹었나 싶을 때가 여러 번이다. 참을성만 없는 게 아니고 뭔가 호기심이 생기면 갑자기 열정을 보인다. 계획을 잡기도 전에 시작부터 하고 본다. 문제는 빛의 속도로 중단하고 만다는 것, 의지박약까지 겸비했으니 난감하다.

결혼 초에는 사범이 되겠다며 꽃꽂이를 시작했다. 형제라고는 남동생밖에 없었기에 꽃이라곤 없던 우리 집은 향기로 가득 찼다. 매주 바뀌는 다채로운 꽃 잔치에 색다른 즐거움을 누렸다. 아내가 연출한 다양한 꽃꽂이가 신기해 사진을 찍곤 했다. 그 앨범이 지금도 서가에 꽂혀 있지만, 사범은커녕 일 년을 못 채운 채 접고 말았다.

첫아이를 임신하자 피아노 학원에 다니기 시작했다. 아이에게 바이엘 정도는 직접 가르칠 거라 했다. 그러나 몇 달 되지 않아 충만하던 의욕은 사라졌다. 바이엘을 겨우 떼더니 슬그머니 꼬리를 내렸다. 아이 둘을 낳고 육아에, 직장생활에 눈코 뜰 새 없이 바쁠 때였다. 이번에는 도자기 수업을 듣겠다고 설레발을 쳤다. 사십 대가 되면 할 수 있게 도와주겠다며 약속했다. 겨우 진정되는가 싶었는데 어느 틈에 등공예로 눈을 돌리는 게 아닌가. 손끝이 갈라지네, 어쩌네, 툴툴거리면서도 등나무로 틀을 짠 거울이나 바구니들을 집안에 들여놓았다.

그 후로도 서예를 하느니, 기타를 배우느니, 사진을 찍느니 야단법석이었다. 그렇다고 제대로 끝낸 걸 지금껏 본 적이 없다. 수박 겉핥기로 기미 상궁처럼 맛만 보고 다닌 셈이다. 벼루도 기타도 등 바구니도 수납장 안에서 수행 중이다. 입문하기 바쁘게 중단하기를 반복했던 결과는 뻔했다. 그만두는 건 선수급이다.

그런 사람에게서 뚝심 있는 인내심을 보았다. 내가 꾸리던 사업이 잘못돼 집안에 먹구름이 가득할 때 아내는 바위처럼 침착하고 의연하게 대처했다. 가끔 힐책하는 눈빛을 보내긴 했지만 크게 원망하지도 흔들리지도 않았다. 힘겨울 때는 지탱할 힘을 보태는 게 부부라며 어깨를 늘어뜨린 나를 격려했다. 미안하면서도 씩씩하게 해결하는 아내가 내심 든든했다.

의연함 뒤에 숨긴 아픔이 어찌 없었겠는가. 하지만 내가 할 수 있는 게 없는 허망한 시절이었다. 같이 쓰는 인생 드라마라 했다. 결말을 어떻게 만드느냐는 우리 몫이라며 나를 일으켜 세울 때 아내는 여전사였다. 참을성이라고는 없는 여자의 쓰디쓴 인내가 채찍이 되어

나를 단단히 붙들었다.

 언제부턴가 아내가 꾸준히 잘하는 게 생겼으니, 소맥 마는 일이다. 소주와 맥주 비율은 2대8이 황금비율이라나, 젓가락으로 저어대며 회오리를 일으킨다. 술은 즐겁게 마셔야 한다면서 "위하여~~!"를 외쳐대니 어머니 앞에서 민망할 때도 있다. "에미야, 밖에서는 그러지 마라." 하며 눈을 치뜨는 어머니도 며느리가 바깥에서 갈고닦은 실력임을 아는지 모르는지 어느새 잔을 부딪친다. 어쩌다 보니 최대 수혜자는 내가 되었다. 막막한 현실에 희망을 섞어 소맥 한잔을 나누는 건 큰 위로였고, 눈부신 날들을 그리며 어둠의 터널을 통과했으니 말이다.

 은퇴 후 아내는 수필 쓰기에 열중이다. 시도한 일 중 가장 오래 붙잡고 있으니 이제야말로 제대로 된 걸 찾은 모양이다. 바람직하다는 생각에 아낌없는 응원을 보낸다. 수필 반 원로들처럼 문학의 향기를 풍겼으면 좋겠다. 소소하더라도 달고 쓰고 맵고 짠 인생을 잔잔하게 담아내기를 바란다. 자신만의 독특한 향기를 피울 수 있다면 값진 날들이 되리라.

 기왕 시작했으니 반듯한 수필집도 엮어보라 아내에게 권한다. 반응은 미지근하지만 싫지 않은 내색이다. 수많은 취미의 간이역을 건너 다다른 종착지가 수필이라면 아름답지 않겠는가. 출간을 끈질

기게 채근해 볼 참이다. 더는 '참을성 없는 여자'가 되지 않도록, 나는 끝까지 참는 남자로 남아 수필집의 첫 독자가 되어볼 생각이다.

　늘 덜렁거리며 이곳저곳 기웃대는 나를 무심한 듯, 무심하지 않게 바라보는 남편의 속마음이 이럴까. 빼꼼히 훔쳐보았다.

제3부

어머님의 색종이 상자

앵두나무 그 집

그 집이 보고 싶었다.

봄이면 하얀 꽃이 팡팡 피어나 아이들 어깨 위로 흩날리던 집, 여름날엔 나뭇잎에 구르던 빗방울이 초록색 동그라미를 그리던 집, 눈 오는 밤이면 마른 가지에 쌓인 눈꽃 위에 달빛이 어룽대던 그 집이 보고 싶었다.

아파트 뒤로 이어진 안산 자락길을 따라 연희동 골목으로 들어선다. 풀 내음 풋풋하고 숲을 지나온 푸른 바람은 싱그럽다. 오솔길을 걷자니 휘파람 같은 새소리가 마음을 톡톡 건드린다. 이윽고 버선코 같은 산자락에 즐빗이 늘어선 벚나무 너머로 그 집이 설핏 얼굴을 내민다.

"자, 아빠가 이제 턴다. 애들아, 잘 받아라!"

어린 남매가 두 팔을 한껏 벌려 이불 보자기를 펼쳐 든다. 앞니 빠진 입을 앙다물고 머리를 젖힌 채 아빠를 올려다본다. 높다란 나무 위에 선 남편이 다리에 바짝 힘을 준다. 그리곤 몸과 팔을 들썩이며 나뭇가지를 흔들기 시작한다. 우북수북 자란 푸른 잎 사이 토실한 열매가 보자기 안으로 툭툭 떨어진다. 발간색 앵두비가 한 차례 지나간다.

"아빠, 아빠! 앵두가 얼굴을 막 때려요."

아이들은 까르륵까르륵 어깨를 뒤채며 이불보를 잡은 팔에 불끈 힘을 준다. 남편이 몸을 움직일 때마다 보자기 배가 불룩해진다. 얼결에 마당으로 튄 앵두마다 시간의 빛이 선명하다. 동글한 열매 하나하나가 꽃의 서사로 아롱진다. 상처 난 열매까지도 예사로 볼 수 없는 이유다. 마당에 흩어진 앵두를 주워 담느라 내 손도 바쁘나. 아이들만큼이나 신난 남편은 가지를 옮겨가며 앵두를 턴다.

쪽빛 지붕에 네모반듯한 벽돌 담장이 아늑하게 감싼 집은 아이들 소리로 떠들썩했다. 2층 베란다를 훌쩍 넘어 지붕까지 다다른 개량종 앵두나무는 튼실한 가지를 한껏 펼쳤다. 골목을 지나는 사람들은 우람한 나무를 올려다보고는 "벚나무네!" 하며 아는 체했다. 몸피 붉은 주목이 장독대를 내려다보았고 옆으론 라일락, 단풍, 목련이 앞서거니 뒤서거니 자랐다. 외삼촌 댁에서 옮겨올 때 막걸리

한 말을 받아마신 모란은 오월 달밤이면 몽롱한 자색 향내를 뿜었다.

그 집에는 두 손주를 키우는 어머님의 노곤한 행복이 흘렀다. 젊은 부부가 도란거리는 소리와 아이들의 재잘거림도 두물머리처럼 섞여들었다. 시동생을 결혼시켜 새 동서를 맞이한 집이었고 어머님의 회갑상을 손수 차린 곳이었다. 서울에 오는 일가친척이 묵어가는 둥지였고, 일찍 홀로 된 어머님의 시린 외로움까지도 보듬어주던 넉넉한 보금자리였다.

평온하던 일상에 느닷없는 비바람이 몰아쳤고, 우여곡절 끝에 짐을 꾸리던 날이었다. 담 너머 이웃들은 헤어짐을 못내 아쉬워했지만, 생채기 난 마음에는 짜디짠 감정들이 휘돌며 흘렀다. 엉켜 있던 실타래가 풀려가는 안도와 원치 않던 결별의 신산함이 뒤섞여 심사가 복잡했다. 새집은 앵두나무집에 비하면 반의반이나 될까, 턱없이 작았다. 제자리를 찾지 못한 살림살이는 늦가을 볏가리처럼 거실에 쌓였고, 이삿짐을 옮기던 이들의 표정도 굳어갔다. 옷장에 기대어 주체할 수 없는 서러움을 삼키던 그때의 나, 복잡했던 그 마음도 이제는 흘러가는 시간에 묻혀 희미한 그림자로 남았다.

골목에 들어선다. 거의 이십 년 만이다. 저만치 모퉁이를 돌아오는 가족을 알아보고 진돗개 아롱이가 꼬리치던 집이 저만치에 있다.

어떻게 변했을까 궁금했지만, 근처를 지나는 일이 있어도 애써 외면했다. 계약한 뒤 퇴근 때마다 한 바퀴 둘러봤을 만큼 기껍던 집이었다. 그랬기에 마른 시선으로 만날 자신이 없어 선뜻 와보지 못했다.

  새집들이 간간이 들어섰는데도 낯익은 동네 모습은 꽤 남아 있다. 대추나무가 많아 대추 집이라 부르던 옆집도 예전 그대로다. 반가운 마음에 담장 안을 기웃거린다. 잔디밭 풀을 매는 안주인이 낯설어 얼른 돌아선다. 건넛집은 헐려 흔적이 없다. 키워보라며 눈도 못 뜨는 새끼 치와와를 안고 왔던 아주머니의 웃는 얼굴만 아른거린다. 여문 대추와 앵두, 푸성귀를 주고받던 이웃은 없다. 아이들 작은 주머니에 사탕을 꾹꾹 담아주던 옆집 할아버지는 어찌 되었을까. 낯익지만 낯선 고샅에 쓸쓸한 바람만이 넘나든다.

  그 집은 알록달록한 어린이집으로 바뀌어 있었다. 주차장을 넓히느라 벽돌 담장과 대문은 간 곳이 없다. 둘러앉아 놀던 작은 연못도, 나와 어머님이 오르내리던 장독대도 사라졌다. 온전한 건 주목 한그루, 담장 따라 우거진 나무와 정원석을 두른 화단도 가뭇없다. 앵두나무조차 뭉텅 잘려 우북하던 풍경은 빛바랜 사진 속에나 존재할 뿐. 집은 과거를 보듬고 생경한 모양새로 그렇게 서 있었다.

  횡댕그렁한 마음으로 오솔길을 되짚어왔다. 앵두주를 꺼낸다. 그 집에서 마지막 담근 술이다. 작은 잔에 따르자, 그 집이 따라 나와 술잔에 담긴다. 아이들 따라 문설주에 새긴 숫자도 덩달아 자라던 잡이다. 어머님과 마주 앉아 앵두 술을 담그던 어느 계절의 삽화도 술잔에 아롱거린다. 불그레 농익은 맛을 입안에 오래도록 머금어 본다.

앵두나무, 흩날리던 앵두꽃, 한 움큼씩 깨물면 톡톡 터지던 달콤한 앵두…. 아직도 내 젊음이 여울지던 그 잡에는 앵두나무 푸른 새싹이 움쭉움쭉 자라고 있다.

어머님의 색종이 상자

 북촌 마실 중에 소박한 시니어 공방을 만났다. 굽이치며 이어지는 재색 기와집 사이에 숨어 있듯 자리한, 한 평 남짓한 가게는 아담했다. 반백의 커트 머리 디자이너가 만들었다는 작품들도 작고 앙증맞은 게 많다.
 반짇고리에는 예쁜 실패와 골무가 올망졸망 담겼다. 수를 놓아 만든 앞치마, 꽃이나 나비 모양의 인테리어 소품들, 오방색 조각보와 헝겊을 이용한 물건이 조붓한 공간을 풍성하게 채웠다. 그중에서도 브로치 모양의 다홍색 카네이션이 눈에 띄었다. 만듦새가 예사롭지 않아 얼른 집어 들었다.
 어버이날 아침, 공방에서 사 온 카네이션을 어머님 가슴에 달아드렸다. 경로당에 가면 제일 예쁠 것이라며 좋아했다. 잠시 엉거주춤한 모습으로 뒷짐 지고 있던 어머님의 손에 빨간 꽃 두 송이가 들려 있었다. 덕담을 얹어 남편과 내게 달아 주었다. 생화가 아닌 조화였다. 나는 사 온 꽃을 드렸는데 어머님은 손수 만든 것이었다. 단정하고 고왔다.

어머님은 예전부터 손재주가 좋았다. 다양한 리본을 만들어 손녀딸 머리를 묶어주고 치마까지 손수 만들어 입히곤 했다. 어머님은 연세가 팔십이 넘도록 경로당에 가길 꺼렸다. 장소가 주는 분위기 때문에 늙은이가 되어 버린 것 같아서 싫다는 것이었다. 그러던 중 마침 '색종이 접기 강좌'가 열린다는 소식을 듣고는 경로당으로 달음박질했다. 그 뒤 출근하듯 이년 째 빠지지 않고 나갔다. 흥미를 느끼는 듯했다. 다른 이들은 골치 아프다는데 당신은 재밌다며 흡족해했다.

수업이 있는 화요일 저녁마다 품평회가 열렸다. 완성한 작품을 탁자 위에 펼쳐놓고 가족들은 저마다 한 마디씩 평을 했다. 나비를 불나방 같다 하고, 원추리를 호박꽃이라며 짓궂게 놀려도 대수롭잖게 여겼다.

아들은 어머님이 만들어 온 작품을 한곳에 모아 '할머니의 추억 상자'라며 차곡차곡 정리하고 있다. 쌓인 양이 만만치 않아 세 번째 상자가 그득해졌다. 가끔 꺼내 볼 때마다 동화의 세계에 온 듯 어린 아이처럼 순수해진다. 병아리 꽁무니를 쫓아다니며 마당에서 뛰노는 강아지가 있는가 하면 고운 복주머니는 아이들 한복에서 달랑거린다. 낮은 울타리 안에는 백합과 튤립, 장미꽃이 우거지고 꽃밭 사이를 나비가 훨훨 난다.

"어머니, 이제 강사를 해도 되시겠어요."

"내가 뭘, 잘하지도 못하는데."

그렇게 말은 하면서도 은근슬쩍 자랑할 틈을 놓치지 않는다. 집에서 접은 걸 사진 찍어 보냈더니, 강사 남편이 강사더러 당신 자리가 위험하겠다고 했다는 것이다. 어머님도 한때는 푸른 꿈을 키우던 시절이 있었다. 하지만 녹록지 않은 삶의 여정에 많은 걸 포기했다.

어머님은 장수 산골 마을에서 자랐다. 어려운 형편에다 어머니가 병석에 누워계시는 와중에 아버지마저 갑자기 돌아가셨다. 결국, 읍내 중학교 진학을 할 수 없었다. 총명한 제자를 아끼던 선생님이 전매청 지서에 사환 자리를 알선해주며 도우려 했다. 하지만 상황이 허락지 않았다. 오 남매의 맏이로 집안일을 도와야 했으니 현실이 발목을 붙잡았다. 장독대 항아리에 기대앉아 조각나버린 꿈 때문에 울었노라 했다.

어머님은 열아홉에 결혼했다. 훤칠한 청년의 거듭된 청혼에 백년가약을 맺었으나, 행복은 짧았다. 젊다 못해 어린, 이십 대에 홀로 되고 말았다. 장수경찰서에 근무하던 아버님은 지리산에 숨은 공비 색출 작전에 투입되어 산에서 지내는 일이 많았다. 그때 얻은 병으로 서른도 안 된 나이에 유명을 달리했다. 덩그러니 남은 어린 아낙의 슬픔은 오죽했을까. 막막함과 깊은 상실을 짐작조차 할 수 없었다.

  두 아들을 키우며 먹고 살기 위해 오로지 앞만 보고 달렸다. 그것만이 어머님의 절박한 꿈이 되었다. 스웨터 짜는 공장에서 일하다 미용 기술을 배워 마을 초입에 작은 미용실을 열었다. 그런대로 먹고 사는 건 괜찮았지만 아이들 교육을 위해 장수를 떠나기로 했다. 낯선 서울, 어렵사리 출판사에 취직해 납 활자로 밤새워 조판하는 일을 했다. 살아가며 부딪치는 모든 일을 오롯이 홀로 감당한 세월이었다. 늦가을 바람에 떠는 낙엽처럼 신산한 날들을 그렇게 견뎌냈다.

  어머님은 고운 색종이를 접고 또 접는다. 말로 다 하지 못한 팔십여 년의 세월을 색종이에 담으려는 것일까. 이젠 지나버린 날들을 홀가분하게 떨쳐버리며 당신의 새로운 꿈을 짓는 것인지도 모르겠다. 애면글면 두 아들을 홀로 키운 억척의 세월이었다. '청상靑孀'의 한은 얼마나 깊었을까. 가버린 남편에 대한 애증으로 숱한 밤을 새웠을 것이다. 색종이 위에 많은 날이 바람의 조화로 다시 피어나기를 바란다. 그리하여 어머님의 색종이 상자가 연둣빛 새 꿈들로 가득 채워지기를⋯.

  자리끼를 들고 방에 들어서니 어머님은 등을 굽힌 채 종이접기 삼매에 들어 있다. 창밖엔 보름밤 달빛이 환하게 내리고, 여기저기 놓인 색종이 위로 달여울이 흥건하다.

며느리에 대하여 경렛!

 집에 돌아오자마자 짐부터 정리했다. 늦은 저녁을 먹고는 소파에 몸을 부렸다. 휴가 끝에 매달린 나른한 휴식을 비집고 전화기가 울렸다. 어머님이었다.
 "에미야, 지금 내 친구들이 너한테 할 말이 있단다. 일곱 명이 한 줄로 쭉 서 있그등."
 무슨 일인가 물을 새도 없이, 자지러지는 웃음소리가 들려왔다. 그리고 잠시 뒤,
 "며느라야 고맙다 잉. 자자, 사~작! 우리 며느리에 대하여, 경렛!"
 일산 이모님의 구령과 함께 단체 인사말이 전화기에서 터졌다. 목소리가 단체로 달뜬 걸 보니 소곡주를 한두 잔씩 한 것 같았다. 이게 무슨 상황인가. 어르신들이 내게 경의를 표하다니, 어리둥절한 채

전화기를 상대로 납죽 맞절을 올렸다.

  서울사에 근무할 때였으니 꽤 오래전 일이다. 서천연수원으로 가족여행을 떠났는데 우리는 돌아오고 어머님만 남게 된 적이 있었다. 우리가 묵은 숙소에 어머님이 친구들을 초대했기 때문이다. 나는 그분들이 잘 지낼 수 있도록 나흘 일정에 맞춰 먹을거리를 준비했다. 식사는 당연하고 연수원 초입 바닷가 횟집에서 회도 넉넉하게 사다 놓았다. 곁들일 반주도 필요하리라 싶어 '앉은뱅이 술'이라는 '한산 소곡주' 한 병도 냉장고에 얌전히 넣어두었다.

  어머님 친구들은 산골 작은마을에서 처녀 시절을 함께 보낸 덕분인지 유독 한울졌다. 궂은일은 앞장서 돕고 좋은 일에는 덕담이 오갔다. 하루걸러 안부를 물으며 소소한 일상까지 나누다 보니 서로 모르는 일이 거의 없었다. 한두 번 구설이 일어 소란했지만, 그때마다 어머님이 나서서 해결하는 듯했다. 그리고 나면 이내 무슨 일 있었냐는 듯 예전으로 돌아갔다.

  어머님끼리 친하다 보니 자식들도 서로의 부모를 이모라 불렀다. 자연스레 며느리들은 이모님들을 살갑게 모셨고, 이모님들도 내 며느리인 양 편하게 대했다. 핸드폰이 없던 시절, 어머님께 온 전화를 내가 먼저 받을 때면 이모님들은 그냥 지나치지 않았다.

  "며느리야, 우리 친구가 맨날 골골대니 힘들 때가 많지? 자네 애쓰는 거 다 안다네."

 따뜻한 토닥임에 위로받으며 그건 또한, 나를 향한 어머님의 마음이려니 여겼다. 어머님은 선천적으로 하나뿐인 신장이 좋지 않아서 온몸이 퉁퉁 붓곤 했다. 미꾸라지가 좋다는 말에 호박에 넣어 중탕을 몇 번 해드렸다. 한약을 짓거나 어설프게 보양탕을 끓여드릴 때면 미안함을 감추지 못했다.

 그런 상황에도 어울려 여행하기를 좋아해 종종 연수원 나들이를 마련해 드렸다. 연수원 세 곳은 바닷가나 숲속에 있었다. 산책로가 잘 꾸며져 있어 자박자박 걷기에 좋았다. 온천욕을 하고 나면 매끄럽고 볼그레한 얼굴로 앞서거니 뒤서거니 노래방으로 들어섰다. 계절 따라 봄나물을 캐거나 단풍 구경에 바빴고 내친김에 해외여행도 가끔 다녀왔다. 그때가 어머님과 친구분의 전성기가 아니었나 싶다.

 친구들은 우리 집에서도 가끔 주무셨다. 어느 날 세 분이 오셨다. 걱실걱실 장난기 많은 일산 이모님, 걷기의 달인 파주 이모님, 맵시 고운 김포 이모님이었다. 과일 접시를 들고 방문을 열었더니, 네 분이 나란히 누워 이야기보따리를 풀고 계셨다. 노란 털머위꽃이나 보랏빛 해국 같기도 한, 동그란 얼굴에 뽀글뽀글 파마한 모습이 쌍둥이들 같아서 웃음이 터졌다. 노부부처럼, 오래 묵은 친구도 닮아가는 것인가 싶었다.

칠 남매를 둔 일산 이모님 목소리가 방을 나서는 내 등 뒤에서 통통 튀었다.

"나는야 애들 키울 때, 부뚜막에서 밥 푸다가 그릇 수를 까먹은 게 한두 번이 아니여. 시어른까지 열한 식구였잖아. 대여섯 개 푸다가 꼭 다시 시었어. 아이고, 미련곰탱이!"

하하 흐흐, 웃는 소리에 이어 왁자한 수다는 끊일 줄을 몰랐다.

그런 날들이 엊그제인 듯싶고 몇 번인가 꽃이 피고 졌을 뿐인데, 어머님 연세 구순에 가깝다. 드문드문 외출하는데 열에 아홉은 병원이다. 갈수록 차멀미도 심하고 청력도 약해지고 있다. 모든 게 예전 같지 않아 나들이라면 한사코 손을 젓는다. 친구 집을 오가는 소소한 일조차 자신 없어 한다. 자네 살아는 있는가, 아픈 데는 없느냐며 그리움을 목소리로 대신할 뿐, 문밖을 나서지 못한다. 속절없이 가버린 날들이 빈 들처럼 쓸쓸하다.

어머님이 창가에 앉아 계신다. 저만치 안산鞍山 등성이에 피어난 연분홍 진달래를 바라보나 싶더니, 설핏 잠이 든 모양이다. 가만히 어깨를 만지며 차 한 잔을 드리자, 주름 꽃으로 반긴다. 예비 며느리로 첫인사를 드리던 때의 고왔던 모습이 떠올라 애잔하다. 고단했던 많은 날을 인내하고, 순응하며 살아온 담박한 웃음이다. 허허로운 겨울나무 같기도 하고, 빛바랜 고찰의 기둥 같기도 하다.

어머님의 주름진 얼굴에 굼실굼실 밀려오는 서천 바다가 겹친다. 유쾌한 이모님들도 그 위에 실려 온다. 더불어 즐거웠던 힘찬 목소리와 합창도 들려온다.

"우리 며느리에 대하여, 겐뱃!"

서른도 되기 전에 혼자가 되었지만, 애면글면 가족을 지켜낼 수 있었던 건 어머니만의 철학이 담긴 삶 덕분 아니었을까. 올곧게 견디되 사랑으로 감싸며 세상 만물에 감사하는 겸손한 마음 말이다.

뽕뽕다리

 일곱 살 늦가을, 아버지 등에 업혀 처음으로 다리를 건넜다. 구멍이 숭숭 뚫린 철판을 목재 구조물 위에 덮어 만든 뽕뽕다리였다. 강이 넓어 다리는 길었고 업힌 채 내려다본 강물은 아득했다. 전에 살던 수성마을은 배 씨 집성촌이어서 소소한 안부를 나누며 사는 평온한 농촌이었다. 그 터에 난데없이 광주 비행장이 생기면서 일가는 어쩔 수 없이 흩어졌다. 우리 집도 멀지 않은 곳으로 터전을 옮겼다. 황룡강 넘어 안착한 송촌마을은 집마다 감나무가 있었고, 강둑에 둘러싸여 아늑했다.

 이사하던 해 첫 겨울은 또래들과 이따금 투덕거리며 보냈다. 골목에서 마주치면 가자미눈을 뜨고 흘겨보거나 허리에 손을 얹고 입을 씰룩이며 기세 싸움도 했다. 그러다가 우연히 눈싸움에 끼어 어울리다 보니 아이들 텃세도 눈 녹듯 사라졌다. 눈밭에 누워 키재기를 하거나, 꽁꽁 얼어붙은 논바닥에 들어가 썰매를 탔다. 저마다 아버지가 만들어준 썰매에 앉아 고꾸라지다 다시 타기를 반복했다. 젖은 엉덩이는 마를 새가 없었다. 그렇게 겨울을 보낸 조무래기들은 새봄이 되자, 가제 수건을 왼쪽 가슴에 달고 초등학교에 입학했다.

연일 장대비가 쏟아지던 늦여름 어느 날, 걱정스러운 표정의 아버지를 따라 강둑에 올랐다. 황토색 물살이 높은 둑을 넘어올 것처럼 요동쳤다. 나는 어지러워 멀미가 났다. "꽤액 꽥!" 울부짖는 돼지와 뿌리째 뽑힌 어린나무, 살림살이가 둥둥 떠내려갔다. 나까지 쓸려갈 것 같은 두려움 속에서도 큼지막한 아버지 손에 매달리면 세상없이 든든했다. 비 온 뒤엔 물이 불어나니 강변에 가지 말라고 아버지는 몇 번이고 일렀다.

이학년이 되어서도 뽕뽕다리를 건너기는 쉽지 않았다. 아버지와 바라보던 성난 흙탕물이 아니건만, 구멍마다 잔물결이 어룽댔다. 어지러워서 부러 보지 않으려 애썼다. 하지만 건너야만 했기에 한 발 한 발 딛다 보면 어느덧 다리 끝에 닿아 있었다. 그래선지, 다 자라서도 강물에 닿을락 말락 낭창거리는 긴 간짓대 꼭대기에 매달려 진땀을 빼는 꿈을 꾸곤 했다.

여름 장맛비에 큰물이 지면 부실한 다리는 흔적 없이 떠내려갔다.

나는 일찌감치 집을 나서 스물대여섯 배나 먼, 길을 돌아 평동교라는 큰 다리를 건너 학교에 갔다. 그러기를 며칠 반복하면 자다가 낑낑 앓기도 했다. 물이 웬만큼 빠졌다 싶을 땐 바지를 걷어 올리고 얕은 곳을 골라 강을 건넜다. 어쩌다 미끄러운 돌을 밟아 엎어지면 머리 위로 치켜들었던 운동화와 책가방이 몽땅 젖었다. 옷에서도 머리에서도 강물이 흘러내렸고 터덜터덜 집으로 가는 길조차 눈물에 흐려졌다. 그런 다음 날이면 아버지는 나를 자전거에 태우고 평동교를 달려 교문 앞에 내려주었다. 되돌아가는 아버지의 자전거 바퀴가 바가지만큼 작아지면 소나무 동산을 가로질러 교실을 향해 뛰었다.

 중학교부터는 광주로 기차 통학을 했다. 가을이면 들녘은 탱자색으로 물들었다. 노을을 묻히고 온 바람이 너울너울 흘러 다녔다. 너른 밭에는 키다리 수숫대와 피마자가 붉은 옷으로 단장했다. 알곡을 쪼아먹는 새소리가 농로의 경계를 허물었다. 달빛이 강으로 쏟아지는 보름밤이면 뽕뽕다리는 아침에 본 다리가 아니었다. 동그란 구멍마다 수백 개의 물비늘이 일렁거렸다. 달빛이 간지러워 뒤채는 은물결을 물끄러미 보노라면, 마음은 어느새 달을 향해 날아올랐다.

 뽕뽕다리 위에 눈이 쌓이는 겨울 새벽, 아버지는 긴 대빗자루를 챙겨 들고서 앞장을 섰다. 솜 넣어 지은 한복을 입은 아버지는 대님으로 묶은 바짓가랑이 위로 양말을 올려 신었다. 나는 미끄러져 엉덩방아를 수없이 찧었지만, 아버지는 고무신을 신고도 끄떡없었다. 허리를 수그린 아버지가 싸르륵싸르륵 다리 위를 쓸면 눈 뭉치들이 강으로 하르르 흩날렸다. 그제야 나는 맘 놓고 다리를 건넜다.

  그런 아버지가 회초리를 든 적이 있었다. 고등학교 여름방학 때였다. 친구 둘과 대학생이던 친구 오빠를 대장 삼아 제주도에 다녀온 사건 때문이었다. 친구들과 아양을 떨어가며 허락받았다고 여겼지만, 아버지는 그게 아니었다. 나흘 만에 새까맣게 그을려 거지꼴이 된 딸을 보며 웃음기 사라진 아버지의 눈은 붉었다. 봉숭아 꽃물을 내 손톱에 들여주고, 엄마와 다투다가도 "아부자이!" 하고 어깨를 흔들면 "허허" 웃어버리던 아버지가 아니었다. 아버지는 텃밭 가에 있던 싸릿대를 꺾어 손으로 이파리를 훑어내렸다. 몸이 절로 움츠러들었다. "바지 걷어라!" 하고는 종아리를 다섯 대쯤 내리치더니 그만 돌아앉아 버렸다.

  세상사는 동안 눈물이 쏙 빠지도록 힘들고 등줄기가 서늘해지도록 무서운 날이 많았다. 거친 소용돌이를 견뎌야 했고 살얼음이 낀 물길도 건너야 했다. 그때마다 아버지는 따뜻한 누비처네가 되어 나를 품어주었다. 두려웠던 뽕뽕다리는 나를 학교로 이끌었고, 아버지의 품에서 세상이라는 넓은 세계로 인도했다. 든든했던 아버지는 넘어지면서도 '뽕뽕다리'를 건너 꿋꿋이 살게 한 나의 지지대였다. 아버지는 자상함과 단호함으로 나를 자라게 했다.

이제 그 자리에 뽕뽕다리는 없다. 근처에 평동산단이 생기면서 견고한 '장록교'가 지어졌고 많은 사람과 차가 오간다. 하지만, 유년의 뽕뽕다리는 여전히 내 시간의 강물 위에 놓여있다. 그곳엔 재잘거리던 아이들 웃음소리가 찰랑거린다. 장터에서 만난 일가와 막걸리 한 잔 나누고는 알사탕 봉지를 흔들며 건너던, 아버지의 뭉근한 사랑도 흐른다.

눈 쌓인 뽕뽕다리를 다시 걷는다. 엉거주춤 걷는 나를 돌아보며 이르던 아버지의 덤덤하고 따뜻한 목소리가 눈발 속으로 들려온다.

"미끄럽다. 아부지 뒤에 조심조심 따라오나라."

보리 새싹, 호박 찰떡

　가을걷이가 끝나면 보리를 심었다. 부모님은 쟁기질한 고랑을 부드럽게 다듬어 너부데데한 이랑에 보리 씨를 뿌리고는 흙으로 덮었다. 아버지는 구부렸던 허리를 쭉 펴며 하늘을 바라보았다. 한 무리의 철새가 텅 빈 들을 가로질러 날아가는 모습이 평화로웠다. 얼마쯤 지나자 움트기 시작한 새싹이 논밭을 푸르게 채웠다. 눈이라도 내리면 갓난아기가 기지개를 켜듯 삐죽 내민 새싹은 맑은 초록으로 빛났다.
　오빠 뒤를 졸랑졸랑 따라 보리를 밟으러 갔다. 손가락 한두 마디쯤 새싹이 올라온 우리 집 보리밭이었다. 발로 꾹꾹 눌러가며 놀이하듯 이랑을 밟았다. 보리는 자주 밟아야 한다고 했다. 땅이 얼었다 녹기를 반복하는 때라 들떠있는 뿌리를 흙 속에 안착시켜 주기 위해서란다. 보리를 많이 심었던 그때는 보리밟기가 중요했다. 여린 새싹을 밟는 게 이상하다 싶지만 그래야만 얼지 않고 튼실하게 자라기 때문이었다.

내가 자란 마을은 평야로 둘러싸여 있었다. 장성에서 발원한 황룡강이 휘감아 흘렀고 이백여 호가 넘는 마을은 강둑에 안긴 듯 아늑했다. 보리 싹이 자라는 겨울이 오면, 나는 호박 찰떡을 떠올리며 입맛을 다셨다. 호박과 보리 새싹, 붉은 팥이 어우러진 찰진 떡, 입에 착착 붙는 맛을 잘 알아서였다.

"어머니, 호박 찰떡 해 주세요. 보리 싹 많이 넣어서요."

오빠들이 먼저 떡이 고파서 보채는 것도 이 무렵이었다.

엄마가 바구니를 챙겨 들고 핑 하니 보리밭으로 나갔다. 나는 종종걸음으로 뒤를 따랐다. 푸릇푸릇한 보리밭, 고랑에 앉은 엄마조차 푸른 물이 들어 버릴 것 같았다. 엄마는 재빠르게 새싹을 솎아 담았다. 바구니에는 싱그러운 푸른 생명이 그득 담겼다. 집으로 가는 엄마 치맛자락에서도 풋풋한 풀냄새가 났다.

소쿠리에 보리 새싹을 씻어 놓고 엄마는 십자수가 놓인 하얀 앞치마를 허리에 둘렀다. 떡 찌기가 시작되었다. 먼저 시루를 꺼내 바닥에 난 구멍을 둥글게 썬 무로 막는다. 쌀가루 위에 불려 놓은 호박고지와 보리 새싹을 펴고 삶은 팥을 넉넉히 뿌린다. 잡안에서 빠르기로 소문난 엄마 손이 바삐 움직인다. 층층이 대여섯 켜 반복하면 시루가 차고 드디어 가마솥 위에 시루를 앉힌다. 이제 떡을 쪄야 한다. 산해진미라도 제대로 익지 않으면 소용없다. 엄마는 정성으로 불을 때야만 떡이 설익지 않는다며 잔솔가지에 불을 붙였다.

부지깽이로 솔가지를 들었다 눌렀다 조절하는 모습에 흥이 출렁였다. 봄날이면 꽃달임 하던 여인들 뒤에서 장구 장단에 어깨춤을 추던, 춤사위 같기도 하다. 나는 엄마 옆에 앉아 타닥타닥 타는 솔가지를 바라본다. 붉은 잉걸의 담금질에 하얀 숨을 몰아쉬며 찰떡도 익어가기 시작한다. 나는 떡이 익어가는 냄새에 안달하며 아궁이에 솔가지를 자꾸 밀어 넣었다.

"부글부글, 타다닥 탁탁, 슈욱, 슈~욱."

부엌은 소리의 향연이 흐벅지고 냄새며 소리도 함께 익었다. 엄마가 찐 떡은 연주회의 하모니 같았다. 새싹을 비롯한 재료의 궁합은 악기들의 어울람이요. 춤추듯 일랑이는 불길은 지휘자의 열정 같았다. 가마솥이 내뿜는 소리는 관객들의 환호며 맛은 아무도 흉내 내지 못할 감동이었다. 엄마의 연주회는 그처럼 달콤하고 한결같으며 정이 흘렀다.

빛바랜 색종이처럼 마음속에 고이 접힌 풍경 하나, 젊은 엄마의 떡 찌던 모습이다. 보리 새싹이 자라듯 엄마의 명품 떡은 그리움을 가득 키웠다. 시루에서 꺼내자마자 호호 불어가며 허겁지겁 먹던 찰떡은 이제 기억 속에만 존재한다. 여전히 영산강을 향해 흘러가는 황룡강 아래 오붓한 송촌마을이 있다. 너른 들판에는 어김없이 보리 새싹이 자라건만 떡을 찌는 것도, 먹어본 지도 오래되었다. 이맘때면 보리 새싹 된장국을 끓이며 허기를 어르고 달랠 뿐이다.

 소리마저 달게 익어가던 연주회를 한 번만이라도 다시 볼 수 있다면 고인 허기가 채워질까. 새해가 밝았으나 엄마의 모습은 찾을 길이 없다. 천상의 푸른 보리밭에는 엄마가 계실까 하여, 무담시 보리밭을 서성인다.

축, 외상

 전등을 끄고 케이크에 꽂은 촛불을 밝혔다. 주황색의 불꽃이 가볍게 흔들리며 식탁에 둘러앉은 가족을 감쌌다. 방울지며 동그랗게 흐르는 촛농과 생크림에 싸인 붉은 체리가 생일파티를 재촉했다. 함께 부른 축하 노래가 묘한 앙상블을 이루는 바람에 서로 얼굴을 보는 순간 웃음이 터지고 말았다.
 준비한 선물을 살며시 꺼내는데 어머님이 일어나 방으로 들어갔다. 의아한 얼굴로 서로를 바라보고 있을 때였다. 하얀 봉투를 머리 위로 살랑살랑 흔들며 춤추듯 나오는 게 아닌가.
 "손자야! 생일 축하한다. 자, 할매 선물이야!"
 '축 외상'만 적혔을 뿐 아무것도 없는 빈 봉투였다. 돌발 상황에 한바탕 웃는데, 할머니 이게 뭐냐며 아들은 봉투를 거꾸로 들고 연신 터는 시늉을 했다. 그 순간, '외상'이라는 단어가 나를 어린 시절로 이끌었다.

내가 태어나 자란 곳은 나주평야가 드넓은 농촌 마을이다. 당시 생활이 그랬듯 어른들은 농사일에 바빴고 골목은 아이들 소리로 시끌벅적했다. 동네 초입에는 작은 점방店房이 있었다. 살구나무와 오동나무 두어 그루가 울타리를 대신해 넓은 가지를 드리운 곳에 오목하니 자리했다. 점방 안에는 궤짝에 담긴 새포름한 사과가 유독 그럴싸해 보였다. 알록달록한 과자봉지와 커다란 눈깔사탕도 한 곳을 늘 지켰다. 불다가 터지면 코끝에 달라붙던 풍선껌도 있었다. 물건이라고 해봐야 고작 그 정도였지만, 어린 내게는 없는 게 없어 보였다.

아버지 심부름으로 점방에 가곤 했다. 내가 주전자를 내밀면 십자수 앞치마를 허리에 두른 아주머니가 항아리 안을 표주박으로 휘휘 저었다. 술이 뽀얗게 걸쭉해지면 노란 주전자에 주르륵, 부었다. 선반 위에는 병마개 삼아 종이를 돌돌 말아 막아둔 소주병이 대여섯 개 있었다. 모두 동네 아저씨들이 마시다 둔 외상 소주였.

어느 해인가, 서울 역사박물관이 명사들의 외상장부를 공개한 적이 있었다. 거기에 적힌 이름을 보면 문인들과 국회의원도 있었다. 기자는 물론이고 최불암을 비롯한 연예인까지 다양했다. 60년대 전

후, 광화문 일대 술집에 드나들던 나름 유명한 이들의 외상술값을 기록한 것이었다. 주머니가 얇아도 장부에 달면 그만이었으니 권커니 잣거니 불콰해진 얼굴로 둘러앉은 남정네들의 술자리는 왁자했으리라.

내가 공직 초년생이던 1970~80년대에도 외상이 흔했다. 근처 술집이나 식당에는 으레 거래 장부가 존재했다. 대부분 월급날에나 돈을 구경하던 때라, 한 달 치 월급을 받으면 한 번에 갚는 게 당시의 풍속도였다. 계산대 옆에는 까만 노끈을 꼬아 묶은 손바닥만 한 공책, 회사 이름이 적힌 외상장부가 열댓 권씩 매달려 있었다. 그날 먹은 외상값은 식당 주인이 기록하거나 손님이 직접 써넣기도 했다.

그 무렵은 파란이 많았다. 10·26 사건으로 국상을 치렀고, 비상계엄이네, 5·18민주화운동이네 굵직한 일들이 숨 가쁘게 터졌다. 와중에 국회의원을 시작으로 세 번의 선거를 치렀다. 컴퓨터도 없던 때라 선거인명부를 비롯한 많은 서류를 먹지 받쳐가며 손으로 썼다. 나라가 뒤숭숭하니 새벽같이 비상이 걸리는 일도 잦았다.

힘든 하루가 저물면 선배들과 식당으로 몰려갔다. 은박지 깐 철판에 삼겹살 굽는 소리가 지글지글, 톡톡, 고단함을 대신했다. 노릇해진 고기를 뒤집고 묵은지를 구우며 떠들다 보면 어느새 기름내가 잦아들고 선배는 계산대를 향해 호기롭게 소리쳤다.

"사장님, 달아 놓으세요~~오!"

외상이었지만 목소리는 당당했고 우리에겐 또다시 떠오를 내일의 태양이 있었다. 옛 기억을 떠올려 본 사이, 생일파티는 무르익고 아들은 케이크에서 뽑은 양초를 봉지에 담았다.

"할머니, 내일까지 외상값 안 주시면 받으러 갑니다."

"오냐, 빨간 루주도 바르고 오너라!"

어머님도 옛날 술집 마담을 아시는가 보다. 남편은 무슨 생각을 하는지 빙긋이 웃었다. 그때는 기다리다 지친 술집 마담이 외상값을 받으러 오는 일이 많았다. 올려붙인 부풀머리에 빨간 입술을 달싹거리며 두리번대는 사이, 사무실 뒷문으로 줄행랑치는 직원이 한둘이 아니었다. 외상이면 사돈집 소도 잡아먹는다고 했으니, 그 술맛은 얼마나 달콤했을꼬.

외상 긋기, 외상 달가··. 요즘은 사라져 가는 말이다. 따지자면 그도 외상이긴 하지만 지갑에 대여섯 장씩 든 신용카드를 쓴다. 인터넷뱅킹이네 무슨 페이네 다양한 방식으로 송금할 수 있으니 빠르고 편한 세상이다. 노점 할머니에게 푸성귀를 사는 게 아니면 현금이 없어도 별문제가 없다. 살아가는 모습이 바뀌면서 외상도 옛말이 되어 간다.

결혼 초 어느 날이었다. 손주 둘을 업고 안고 키우느라 힘든 어머님께 연금의 절반을 드리겠다는 약속을 덜컥했다. 그러고는 그만이었다.

"에미야, 내 연금은 잘 있냐?"

어머님은 싱글싱글 웃으며 잊을 만하면 한 번씩 물었다. 텅 빈 연금 봉투를 아무렇지 않게 흔들었으니 나도 어머님께 만만치 않은 '외상'을 진 셈이었다.

상추 전

비가 내리는 주말, 가족이 모였다. 오랜만에 상추 전을 부쳐 볼 참이다. 마침, 아파트 마당 텃밭 상자에서 상추가 소담스레 자라고 있다. 차곡차곡 따 온 상추를 씻는다. 이파리가 나풀거리는 게 꽃치마 같다. 부침가루를 꺼낸다. 냉동고를 열고 살짝 끓여 얼려 둔 바지락 한 통도 준비한다. 뒤집게와 큼지막한 접시를 놓고 나니 기대와 설렘도 자리를 잡는다.

바지락 알맹이는 따로 두고 육수만 볼에 부어 부침가루와 섞는다. 멸치액젓을 약간 넣는다. 액젓은 비빔밥에 맛을 내는 참기름처럼 부침개의 감칠맛을 돋우는 화룡점정이다. 달구어진 팬에 기름을 두르고 손바닥만 한 크기의 상추를 올린다. 뒤집을 때쯤 바지락 살을 한 숟가락쯤 고명으로 놓는다. "지지지익, 토독토독, 지직지익~"

소낙비 같은 기름 소리가 듣기 좋다. 주방에는 고소한 냄새가 퍼지고 식탁에 앉은 가족들은 젓가락을 바투 잡는다.

얼마 전 우연히 상추 전 만드는 방송을 보게 되었다. 개그우먼 이영자가 팔을 걷어붙이고 있었다. 옆에는 바구니에 상추가 소복했다. 과연 전이 될까 싶어 의심의 눈길을 보내는 사이 익는 모양새가 호기심을 자극했다. 하기야, 직장 직원들과 밥을 먹을 때면 된장찌개에 상추를 넣는 사람도 있었다. 물러질 것 같던 상추는 의외로 아삭아삭 씹히는 게 별미였다. 그러니 전도 그렇지 않을까. 어느새 완성된 상추 전은 출연진의 감탄사와 더불어 게 눈 감추듯 접시에서 사라졌다.

고려 때는 상추를 '천금채'라 불렀다는 기록이 있다. 요즘 상추는 흔한 채소지만 당시에는 귀했음을 알 수 있다. 씨앗을 구하는 게 천금을 주어야 할 정도였다니 말이다. 옛사람들보다 값없이 누리는 게 많은 현대인이다. 음악만 해도 그렇다. 예전에는 악사와 듣는 이가 한자리에 모여야 가능했고 한번 연주하면 끝나버리는 일회성이었다. 지금이야 무한 반복해서 듣는 게 가능한데다 시공을 초월해 접할 수 있으니 이만한 호사도 없다.

노릇하게 익은 상추 전이 접시에 놓이자 가족들의 젓가락이 춤을 춘다.

"내 평생 상추 전이란 건 처음이다야. 누가 상추로 전 부칠 생각을 다 했을까?"

에미 덕에 별미를 맛본다며 어머님이 하신 말씀이다. 남편은 냉장고에서 마시다 남은 막걸리를 꺼내오고 어머님은 웬 낮술이냐며 핀잔이다. 대낮에 술 생각이 난다면 상추 전은 충분히 가족을 만족시킨 셈이다. 우쭐해진 나는 튀김옷을 입혀 상추 튀김까지 도전한다. 그도 안될 게 없으니, 신이 나서 몸까지 흔들어댄다.

소소한 도전이 일상에 재미를 준다. 재미는 스스로 만들고 누리는 것. 이는 '즐겁지 않으면 무효!'라고 외치는 내 생활철학과도 선이 닿는다. 그나저나, 상추 전이 우리 집에 남긴 파장은 상당해서 주말이면 어김없이 상추를 씻는다. 가족들은 대체 왜 질리지도 않는 걸까.

"이쯤 해서 상추 진 좀 대신 부쳐줄 사람 어디 없소?"

손수레

　지하철에서 내려 집으로 가는 길 뒤편에 얼마 전부터 일 톤 트럭이 세워져 있다. 별생각 없이 지나치곤 했는데 며칠 전 트럭을 유심히 보게 되었다. 낡은 차와 할머니, 마늘 다발이 함께 있는 광경이 눈에 들어왔다. 순간, 연민인지 슬픔인지 알 수 없는 감정이 일었다.

　창문을 반쯤 내린 트럭 조수석에 앉은 할머니의 모습이 보인다. 거칠고 짧은 은발의 할머니, 시선은 트럭 끝 아들에게 고정되어 있다. 마치 정물화처럼 미동이 없다. 몹시 야윈 몸에 입은 합죽하고 입성은 초라하다. 그런 할머니가 연신 웃는다. 혹시 치매를 앓고 있는가.

　아들은 온종일 마늘을 길가에 펼쳐놓고 판 모양이다. 남은 다발이 제법 수북하다. 장사가 그리 잘된 것 같지 않다. 아들은 마늘을 차 위로 차곡차곡 쌓는다. 허리에 두른 전대가 두둑해 보이면 좋으련만… 무표정한 검은 얼굴, 구부린 등, 땀에 찌든 얼룩무늬 남방셔츠 위로 무거운 하루가 얹혀 있다.

할머니와 아들은 단둘이 살까. 아니면 며느리는 다른 일로 할머니를 돌볼 수 없는 형편일까. 무슨 사연으로 트럭 안에 할머니를 앉히고 종일 장사를 하는 걸까. 연일 35도를 오르내리는 유난스러운 올여름, 집안에서조차 피하기 힘든 더위를 할머니는 어떻게 견디는 걸까. 그런 환경 속에 어머니를 있게 한 아들의 마음은 얼마나 무거울까.

집으로 가는 길, 나는 줄곧 그 생각뿐이었다. 선선한 가을이라면 덜 했을까. 땡볕이 내리쬐고 차들이 오가는 도로 옆에 함께 있는 모자의 모습이 안타까웠다. 눈가가 촉촉해져 괜히 하늘로 시선을 옮기다. 아니야, 남의 일을 너무 감상적으로만 보는 건 아닌가. 생각의 각도를 바꾸자.

할머니를 집에 두고 나올 수도 있을 텐데 아들이 효자인 거야. 만만치 않은 환경이지만 함께 있고 싶어서 그럴지도 몰라. 부모님 모시기를 껄끄러워하고 심지어 귀찮게 여기는 자식도 많은데 장한 아들이야. 몸이 불편한 노모를 여행 간다고 속여 제주도나 동남아에 버리고 오는 못된 아들도 있다잖아. 긍정의 생각을 담아봐도 서글픈

잔상은 강렬한 영화의 한 장면처럼 쉬이 사라지지 않는다.

그곳을 지날 때면 트럭이 서 있는지 유심히 본다. 며칠째 차가 없다. 더운 날씨를 피해 장사를 잠시 접고 쉬는 것일까, 아니면 장소를 옮겼을까. 할머니가 탈이 난건 아니겠지? 궁금한 마음에 혼자 이런 저런 상상을 해본다.

요즘은 사회보장제도가 좋아 어린이집처럼 아침부터 저녁까지 어르신을 돌보는 '데이케어센터'라는 곳도 많다. 그런 제도를 아들은 모르는 것일까. 다양하고 현실적인 맞춤형 복지제도가 운영되고 있으니 뭔가 해결방안이 있을지도 모르는데, 동 주민센터 사회복지사의 상담을 받으면 일이 풀릴 수도 있다는 걸 알려주고 싶다. 처음 봤을 때 그들의 사정을 물어보지 못한 걸 후회하며 다시 트럭이 나오기만을 기다린다.

몇 해 전, 정조대왕의 슬프고도 절절한 효심이 깃든 용주사를 답사했을 때 검은 돌에 새긴 '부모은중경'을 본 적이 있다. 부모은중경은 우리가 잊고 지내는 부모의 은혜가 한량없음과 보은을 가르치는 불경의 하나이다. 정조가 왕위에 오른 뒤 아버지 사도세자의 원혼을 위로하기 위해 양주 배봉산에 있던 능을 옮겨 현릉원을 조성했다. 그 후 능을 수호하는 사찰로 창건한 절이 용주사다.

'자식을 태에 품고 지켜준 은혜, 해산에 임하여 고통을 이긴 은혜,

자식을 낳고서야 근심을 잊어버리는 은혜, 쓴 것은 삼키고 단것은 뱉어 먹이는 은혜, 진자리 마른자리 가려 뉜 은혜, 젖을 먹여 기른 은혜, 손발이 닳도록 깨끗이 씻겨준 은혜, 멀리 떠날 때 걱정하는 은혜, 자식을 위해서라면 궂은일도 마다치 않는 은혜, 끝까지 불쌍히 여기고 사랑하는 은혜'

　마늘 트럭의 모자와 부모은중경을 떠올리며 나를 돌아본다. 부끄럽다. 부모의 은혜가 이토록 지극한데 나는 무엇을 하고 있는가? 엄마에게 매주 전화 한두 번으로 모든 걸 다 했다고 생각하는 못된 딸자식이다. 엄마 귀는 점점 기능을 잃어가고 있다. 의사소통도 갈수록 어려워진다. 나는 여행 다니며, 즐거움을 좇아 열광하면서 엄마 찾는 건 자꾸 미룬다. 주름살이 다 펴지도록 환한 웃음으로 맞아주는 분인데 말이다. 소라껍데기처럼 세월이라는 차가운 바닷물에 씻기고 바람에 부대끼며 점점 작아지는 엄마를 생각하다.

　마늘 트럭 남자의 땀으로 젖은 어깨가 내게 죽비를 내리친다. 엄마의 은혜를 새겨 보라고, 은혜는 몇 마디 말로 갚을 수 없고 남은 시간은 길지 않다고 말한다. 치매로 아픈 듯해도 오로지 아들만을 바라보는 할머니의 눈빛에서 엄마를 본다.

　아흔넷의 우리 엄마, 한평생 딸자식 뒷바라지에 뭐든 망설임이 없었다. 내가 결혼한 후에도 해마다 고춧가루와 엿기름을 빻아 보낸다. 죽순이며 머위에 참기름, 들기름도 빼먹지 않는다. 엄마 집에 가면 다 낡아 녹슨 작은 손수레가 현관에 기대 서 있다. 그 수레에 딸내미 먹을거리를 싣고 조심조심 걸어 관리실에서 택배를 보낸다. 며칠 전에도 김장 고추를 준비해두었다는 전화를 받았다.

 주무신 듯 이승을 하직하는 것이 가장 큰 소망이라며 돌아가신 후에도 자식에게 짐이 되지 않기를 원한다. 몇 달 전 뵀을 때는 장례비를 마련해 놓았다며 장롱 안에 모아둔 돈다발을 내미는 게 아닌가. 엄마의 지독한 자식 사랑을 어찌 헤아릴 수 있을까. 흰머리 곱게 빗어 넘긴 주름진 얼굴, 딸을 향한 눈빛이 오늘따라 머릿속에 한참을 머문다. 멀리 계신 엄마께 당장 해 드릴 게 없어 마음만 광주로 달려간다.

티키타카

 어머님과 아들이 핸드폰을 놓고 머리를 맞대고 있다. 나는 또 완행열차 출발했냐며 놀린다. 뭐든 하루 이틀에 끝나지 않는 걸 수없이 보아온 터였다. 아들은 할머니의 꽃 지팡이를 고르는 중이란다. 아무래도 어머님이 아들의 설득에 넘어간 모양이다. 지팡이는 어머님 자존심 너머에 있었고, 다리 힘이 부족해도 사용하시라는 말을 들으려 하지 않았다. 그랬는데 쇼핑화면을 확대하며 도란도란 의논이 한창이다.
 아들은 근무 부서가 바뀌면서 회사 유튜브를 맡게 되었다. 그날의 경제 주요 기사를 간추려 읽어주며 실시간 소통하는 컨셉이다. 얼마 되지 않아선지 시청자는 팔구백 명 갈 길이 멀다. 아들은 묘수가 없을까 고심하며 이벤트를 벌이기도 하지만, 상승곡선은 거북이처럼 느리다.

어느 날, '시간 낭비방송'이라는 댓글을 남긴 꺼칠한 시청자가 있었다. 아들은 그에게 시간이 아깝지 않도록 노력하겠다는 말끝에 아흔인 할머니가 하신 얘기를 소개했다.

"손자야, 다들 지식인이 듣고 있으니 몇 명 듣는지는 애달지 마라. 너는 능수능란하게 잘하고 있어."

반응이 바로 올라왔다. '할머니 멋지다, 지식인이라니 기분 좋다'라는 댓글이었다. 아들과 어머님의 관계는 약간 특별하다고 할까. 태어나서 줄곧 함께 살아온 것만으로는 설명되지 않는 끈끈한 공동체다. 아들은 퇴근하면 어머님 껌딱지가 되곤 한다.

"할머니, 오늘 어땠어? 다리는 더 안 아파요?"

여기저기 주무르며 살펴본다. 어머님은 잘 지냈다는 말 뒤에 아들에게 몸을 기울이며 핸드폰을 펼친다. 자꾸 이런 문자가 오는데 어떻게 해야 하냐, 카카오톡에서 받은 동영상을 다시 보내려면 뭘 눌러야 하냐며 질문이 이어진다.

"학생! 엊그제 공부했는데 벌써 까먹으면 돼요, 안 돼요?"

선생이 된 아들의 목소리가 곰살맞다. 그러다가도 꼴을 부릴 때면 만만찮다. 어머님과 의견이 안 맞거나 자신의 의견이 수용 안 되면 방문을 "쾅!" 닫아버린다. 아들에 대한 어머님의 간섭도 원인이지만 대부분 외출 문제로 부딪힌다. 어머님은 뭐든 스스로 하는 터라 아직 괜찮으니 성가시게 하지 말라 한다. 아들은 다리도 편치 않은데 혼자 외출하지 말라고 한다. 거기에다 난청으로 대화가 어려우니 병원이든 어디든 자신이 모셔야 한다며 굽히지 않는다.

"할머니, 노인 혼자 가시는 거보다 젊은 청년이 딱 버티고 있어야 더 잘해드린다니까요."

"에미야, 나 집 나갈란다. 느그 아들 땜에 자유가 없어 못 살겠다."

어머님은 기어이 아들 손에 붙들려 현관을 나서며 하소연이다. 부지런한 어머님은 꼼작꼼작하길 좋아한다. 그게 아들에게는 근심거리다. 주저앉거나 넘어질까 걱정이 많다. 아랑곳없이 어머님은 화분을 정리하고 카레를 만들거나 깍두기를 담가 놓는다. 아무것도 안 한 척 연기해도 증거물이 있으니 꼼짝없이 당한다.

"손자야, 어찌 사람이 꼼지락도 안 히고 살 수 있어? 그만 좀 하렴. 우리 헤어져야겠다. 어서 장가나 가거라!"

어머님도 눈딱총을 날리며 반격한다. 이런 일이 이틀에 한 번꼴이다. 이년 전부터 어머님의 난청이 심해졌다. 보청기를 권했으나 헛돈 쓰기 싫다며 거절이다. 친구들이 해 본 결과 바람 소리만 커서 별 소용 없다더라며 막무가내였다. 덕분에 티브이와 가족들 대화 소리도 커졌다. 손님이 올 때면 나나 아들이 귀에 대고 통역해야 소통이 되곤 했다. 아들이 나섰다.

"할머니, 보청기도 안 하고 돌아가시면 손자 가슴 아파 어떻게 살라고 그러세요. 그깟 오백만 원, 천만 원이 무슨 큰돈이라고 돈 걱정하세요. 할머니가 우리 살뜰하게 키워주고 엄마 직장 다닐 때 살림해 주신 걸 따지면 수억 원도 넘을 텐데, 돈 쓸 자격 충분하잖아요."

할머니랑 소곤소곤 얘기하는 게 소원이라며, 병원에 꼭 같이 가자고 읍소했다. 그 말을 듣던 어머님은 눈시울이 붉어지더니 이윽고 고개를 끄덕였다.

장난기 많은 아들은 농담을 건네기도 한다.

"할머니 곳간 열쇠 내가 다 갖고 있거든. 나중에 이쁜 손자 몽땅 주는 거지?"

"오냐오냐, 그래야지. 그래도 니가 어떻게 하는지는 눈을 부릅뜨고 더 봐야지."

두 사람이 같이 웃는다. 거의 모든 걸 공유하는 조손 공동체라 할까. 아들은 어머님 삶에 '능수능란'하게 간섭 중이다. 컴퓨터 앞에 앉은 아들이 내일 일을 준비한다. 어머님은 어느새 유채꽃 꿀물을 들고는 종종걸음을 친다.

"할머니, 석 잔째거든요!"

"내 새끼 목구멍에 꿀떡꿀떡 젖 넘어가는 소리랑 마른 논에 물들어가는 소리보다 복된 건 없더란다. 그나저나 이렇게 잘 갖다 바치는 할매 봤냐?"

아들은 내가 하마냐고 툴툴대며 잔을 잡어 든다. 어머님과 아들의 타키타카(tiqui-taca)가 경쾌하다. 깊어가는 밤, 샛노란 유채꽃이 꽃잎을 열고 별들은 초롱초롱 눈망울을 굴린다.

---

*티키타카(tiqui-taca) 두 사람이 서로 잘 통하여 탁구공이 오가듯 빠르게 주고받는 대화

귤밭에 앉아

"아따, 새 각시도 아닌디요."

손사래 치는 엄마를 어머님이 마주 앉히고는 곱게 분단장을 시작한다. 농사짓고 집안일 하느라 몸치장할 새가 있었던가. 아침이면 치마 허리끈을 질끈 동여매거나 '몸뻬'를 입고 논밭으로 종종걸음치기 바빴으니 말이다. 자꾸 일어서려는 엄마 어깨를 살짝 누르고 내친김에 머리 손질까지 한다. 어머님 손길 따라 뽀글뽀글하던 머리가 굼실굼실 우아하게 변신한다. 엄마는 거울 속 당신을 들여다보더니, 사돈 덕에 시집가도 되겠다며 어머님 두 손을 포개 잡는다.

〈윤석례 여사님 칠순 축하〉 밝은색 글씨가 쓰인 현수막이 걸렸다. 푸짐한 잔칫상 한가운데 한복을 곱게 차려입은 엄마가 앉았다. 화장이 쑥스러운 듯 자꾸 양 볼을 만졌지만, 어쩌면 흘러간 지난날을 떠올리며 붉어진 눈시울을 감추는 것인지도 몰랐다.

후손들은 엄마께 큰절과 덕담을 올렸다. 술잔을 주고받으며 두런두런 정담을 나누던 하객들의 축하 노래가 이어졌다. 조카 녀석이 엄마를 등에 업었다. 바바리 자락을 휘날리며 겅중겅중 장내를 돌았고, 엄마의 자줏빛 한복 치마도 덩달아 살랑거렸다. 그렇게 잔치마당은 무르익어갔다.

다음 날, 바쁜 형제들은 각자 일터로 돌아갔다. 여동생과 우리 가족이 엄마와 함께 제주 여행길에 올랐다. 딸 소용없다는 말은 우릴 두고 하는 소리가 분명했다. 딸년들은 건듯하면 다니는 제주에 엄마를 처음 모시고 갔으니 말이다. 마침 초겨울이라 귤이 탐스러운 밭으로 들어섰다. 당시는 너도나도 귤밭에 앉아 기념사진을 찍던 때였다. 엄마는 상기된 얼굴로 주렁주렁 열린 황금빛 귤을 어루만졌다. 처음 보는 풍경에 고랑을 오가며 신기해했다.

"내가 봐도 좋구만, 주인 양반은 을마나 오지겄냐. 어쩐다고 어깻죽지가 찢어지게 달렸으까."

어느새 어머님의 칠순이 다가왔다. 엄마와는 띠동갑이니 십이 년, 세월이 금방 흘렀다. 이번에는 엄마가 서울에 왔다. 여느 때처럼 두 분이 한방에 누워 도란도란 이야기를 나눴다. 듣고 있자면 매번 일

관성 있는 대화는 아니었다. 각자 다른 이야기를 하면서도 마무리는 머리를 끄덕이며 공감했다. 알 수 없는 대화법에 우리는 웃음이 터졌다. 아무러면 어떤가, 어렵다는 사돈지간인데 사이좋은 자매처럼 지내니 좋았다.

회갑 때 유럽을 보내드린 터라, 칠순 여행은 제주로 길을 잡았다. 5월의 제주는 푸르고 아름다웠다. 제주만의 독특한 풍광 속에 안긴 에코랜드로 달려갔다. 미국의 첫 증기기관차를 모델 삼아 탄생한 에코랜드 기차는 고풍스럽고 이국적이었다. 색깔별 이름에도 의미를 담았다. '레드 샌드'는 화산 송이를, '그린 포레스트'는 척박한 환경 속에서도 생명을 만든 곶자왈의 숲이었다 '블루 스카이'는 제주의 하늘을 상징한단다. 순환선이라 원하는 역에 내렸다가 다음 기차를 타면 되니 자유롭고 편했다. 기차를 타고 달리노라면, 동화 속 어느 행복한 나라에 닿을 것만 같았다.

'에코브릿지'에 내리자, 울창한 숲을 품에 안은 넓은 호수가 펼쳐졌다. 고즈넉하고 아름다운 반영은 가벼운 물비늘에 꿈결처럼 흔들거렸다. '레이크시티'는 말을 키웠다던 목초지답게 시원스러웠다. 간간이 서 있는 유럽풍 집들이 어우러져 목가적이고 여유로웠다. 다리 아픈 것도 잊은 듯, 어머님은 앞서 걸었다. 참 좋구나, 연신 감탄하다가도 엄마를 모시고 왔어야 한다며 아쉬워했다. 그날, 곶자

왈은 눈부시게 푸르렀고 청량한 숲의 기운이 마음길로 온전히 흘러들었다.

  다시 찾은 귤밭은 햇살이 비껴들어 아늑했다. 뒤편 한라봉 이랑에도 진초록과 황금빛이 넘실댔다. 포토존에 앉아 웃던 엄마가 어디엔가 계실 것만 같은데, 잎새 사이 열매들만 도드라졌다. 마주 열린 한라봉이 주름진 얼굴을 바라보던 두 분 같아 뭉클했다.
  이십 대에 홀로 된 데다 늘 혀약한 어머님을 안쓰러워하던 엄마였다. 일찍 아버지를 여의고 육 남매를 건사하며 굴곡진 삶을 살아낸 엄마를 위로하던 어머님이었다. 두 분은 평생을 서로 다독이고 의지하며 지냈다. 아흔아홉 해, 엄마가 기나긴 여정을 접고 흩날리는 꽃비 속에 떠난 지도 사 년이다. 어느덧 아흔이 넘은 어머님은 아련한 눈길로 옛일을 그리워한다.
  엄마는 이제 딸을 잊어버린 걸까. 꿈길로도 오실 줄을 모른다. 환한 얼굴로 가붓가붓 손 흔들며 가던 어느 꿈 이후로…. 속절없이 향기로운 귤밭 고랑에는 어찌할 수 없는 그리움만 여울져 흐른다.

제4부

옷을 벗다

남자들, 요리하다

 실직자들이 쏟아졌다. 어떻게 살아야 할지 많은 사람이 힘겨워했고 날마다 우울한 소식이 이어졌다. 차마 실직을 알리지 못한 가장들은 출근하는 척 집을 나섰다. 산자락을 헤매는가 하면 '벼룩시장' 구인난에 희망을 걸며 발이 부르트도록 일터를 찾아다녔다.
 90년대 말, 느닷없이 국가가 경제위기에 몰렸다. 나라 금고에 있어야 할 외화 자산이 바닥나면서 거센 바람 앞에 흔들리는 등불 같은 처지가 되었다. 정부는 국가 부도를 막기 위해 어쩔 수 없이 국제통화기금(IMF)의 재정지원을 받았다. 사회 전반에 걸쳐 고통스러운 구조 개편도 이루어졌다.
 당시 나는 구청의 '여성 청소년 팀장'이었다. 여러 업무 중 하나로 여성을 위한 인기 강좌를 운영 중이었다. 취미반 외에 조리사, 미용

사, 꽃꽂이 사범 등의 자격증반을 추가로 개설해 여성들의 경제활동을 돕고자 했다. 배울 곳이 많지 않은 데다, 수강료가 저렴해선지 접수하는 날은 새벽부터 긴 줄이 늘어섰다.

주부들도 일하기 위해 애쓰는 타에, 직장을 구하러 다니는 남자들은 오죽할까 싶었다. 처진 어깨 위에 작은 희망의 불씨라도 지펴 줄 수는 없을까. 팀원들에게 아이디어를 내라며 탕수육 회식을 부상으로 걸었다. 도움 되는 일이 무엇일까 틈만 나면 고심을 거듭했다. 궁하면 통한다더니, 머릿속에 번쩍 스치는 게 있었다. 팀원들을 불러 모았다.

"자, 이번에 특별반을 모집하면 어떨까. '남자 조리사 반'을 한번 운영해 봅시다!"

"네~~에? 남자들이 올까요?"

하나같이 고개를 갸우뚱하며 긴가민가했다. 공공기관에서 남성을 대상으로 요리 강좌를 여는 것은, 당시는 생소한 일이었다. 아무도 오지 않으면 어쩌나 내심 걱정되었다. 그런데 웬걸, 반전이 일어났다. 삼십 명 정원에 사십 명 넘게 접수했으니 말이다. 타 구역 주민은 대상이 아닌데도 연일 수강문의가 쇄도했다.

개강일 전후로는 언론사의 취재 요청이 이어졌다. 처음 시도하는 일인 데다, 중년 남성들이 요리하는 모습이라니, 재취업을 돕는다는 것도 기자들의 이목을 끌었던 모양이다. SBS 아침 뉴스를 비롯해 라디오, 일간지, 여성지까지 일주일 넘게 밀려드는 인터뷰에 응하느라 이리저리 뛰어다녔다.

구청 안팎으로 관심을 받으며 강의가 시작되었다. 첫날부터 남자들의 요리 수업은 야단법석이었다. 양파를 썰고 감자 하나 깎는데도 애를 먹었다. 사무 보던 손이 칼을 잡았으니 어설프기 짝이 없었다. 길고 흰 손가락을 다칠까 봐 조마조마했다. 그들은 진도를 따라가지 못해 우왕좌왕했다. 불 조절도 익숙지 않아 음식을 태우기 일쑤였다. 살살 다뤄야 할 재료를 으깨고 짓이겨 놓는 바람에 난감할 때도 많았다.

힘겹게 수업을 마친 강사는 파김치가 되기 일쑤였다. 중도 포기자도 둿 생겼지만, 횟수가 쌓여가고 집중한 덕인지 차츰 솜씨가 늘고 잡을손이 매워졌다. 시험에 대비한 맞춤형 조리도 가능해지더니, 마침내 한식 조리사 시험에 일곱 명이 합격했다. 참으로 고마운 결과였다.

종강을 앞둔 어느 날, 그간의 소회를 나누는 자리를 마련했다. 남자들은 배운 솜씨를 보여주겠다며 그토록 어려워하던 오색 구절판을 내놓았다. 달맞이꽃에 원추리와 메꽃이 어우러진 양 화사하고 멋스러웠다.

이윽고 묵묵히 조리대를 지키던 남자들이 입을 열었다. 아무런 준비도 없이 직장에서 등 떠밀려 나왔단다. 처음에는 억울하고 분통이 터졌으나 살아야 하니 자신을 먼저 달래는 게 급했다. 이 꼴 저 꼴 보기 싫어 이민도 생각해봤는데 자격증 없이는 불가하더란다. 음식점을 차리는 데도 자격증은 필수였다. 낯설고 부끄러운 마음을 욱여넣고 요리에 온 힘을 쏟았다는 이야기였다. 집중하다 보니 마음에 평온이 깃들더라며, 담담하게 말하는 그들의 눈자위가 붉게 물들었다.

젖은 솜을 짊어진 듯 삶의 무게에 버둥거린 남자들이었다. 어떻게든 가족을 먹여 살리겠다는 그들은 작은 영웅이었다. 거창한 일을 하고 나라를 구해야만 영웅인가. 가시를 밟는 고통을 오롯이 감내하면서 가정의 든든한 울타리로 선 사람들이었다.

종강 후 얼마의 시간이 흘렀을까. 전화 한 통이 걸려 왔다. "여보세요!" 떨림이 느껴지는 남자 목소리였다.

"팀장님, K예요. 요리 수업 덕분에 우리 가족이 이민을 떠난답니다. 정말 고맙습니다."

선생님이 애쓴 결과라며 축하 인사를 건넸다. 전화를 끊는 내 손에도 미세한 떨림이 일었다. 약속이라도 한 듯 며칠 후에는 H가 연락을 해왔다. 아담한 한식집을 열게 되었다며 맛있는지, 손님이 오려는지 시식을 부탁한단다. 뭉근한 감동이 밀려왔다.

 요즘 부엌은 금남의 구역에서 해제된 지 오래다. 남자가 주방에 얼씬거리면 큰일 날 듯 여기던 때가 있었나 싶다. TV에는 요리 잘하는 남자 셰프들이 넘쳐난다. 어느 구청의 '아빠 요리 교실' 안내문을 볼 때면, 불안한 눈빛으로 쭈뼛쭈뼛 남자 조리사 반을 노크했던 남자들이 떠오른다.
 우왕좌왕 요란했던 조리실 풍경이 되살아난다, 벅참과 설렘이 고스란히 전해오던 공항에서의 전화 한 통과 반갑게 맞아주던 초보 사장의 환한 미소. 그 아련한 기억 때문인지 묵혀둔 옛정처럼 그 시절이 그리울 때가 있다.
 어쩌면 주방에 손주들을 모아놓고 요리 솜씨를 자랑하고 있을지 모를 그들, 고달팠던 시간을 젊은 날의 추억으로 꺼내 보며 다복하게 살고 있길 바라본다.

쪽지 둘, 편지 한 통

 중학교와 고등학교 6년을 버스나 기차로 통학했다. 우리 집은 광주송정역(옛 송정역)에서 황룡강 장록교를 건너 이십여 분을 걸어야 나오는 마을에 있었다. 광주에 있는 중앙여중고를 가려면 집에서 송정읍까지 걸어 나와 버스를 타거나 광주역까지 기차로 가야 했다. 그 무렵 신축한 광주역은 신역이라 불렀다. 새 건물은 근사했고 역 앞 광장에는 대규모 분수대가 있었다. 시원하게 물을 쏘아 올리는 모습을 보면 속이 뻥 뚫렸다.

 중3 때부터는 기차로 통학했다. 트로트 음악이 싫던 우리는 이국적인 팝송(pop song)에 빠졌다. 시그널 음악만 들어도 짜릿하던 이종환의 '별이 빛나는 밤에~~'는 놓칠 수 없는 라디오 음악프로였다. 늦은 밤, 안방 부모님을 의식하며 이불을 뒤집어쓰고 팝송을 듣느라 밤을 밝혔다. 학교가 파하면 친구들이 신역까지 따라나섰다. 평생 절친 '해달별'이다. 해는 희복이, 별은 미국에 사는 미령이, 달은 나였다. 프리어 치마 교복에 하얀 베레모를 쓴 우리는 비엔나소시지처럼 분수대에 붙어 앉아 어설프게 팝송을 부르곤 했다.

'사이먼 앤 가펑클'의 〈엘 콘도 파사(El Condor Pasa, 철새는 날아가고)〉는 팝송과의 첫 인연이었다. 남미풍의 신비스러운 연주와 애절한 가락이 감성을 파고들어 가사를 외워가며 불렀다. 스페인에 나라를 잃은 잉카인들의 애환이 서린 이야기와 가사에 매료되었다. 지금도 들으면 까닭 없이 눈물이 핑 돌곤 한다.

광주에 살던 해와 별은 손을 흔들며 돌아가고 옆에 있던 친구 두어 명과 기차를 탔다. 창밖을 내다보거나 기차 갱웨이(통로 연결막)에서 팝송 가사를 외우며 놀았다. 친구들과 노는데 정신을 팔다 허둥지둥 내린 적도 많았다. 어느 날, 집에 도착해 도시락을 꺼내려고 가방을 열자 쪽지가 나왔다. 공책을 찢어서 여러 번 접은 쪽지는 어느 남학생이 보낸 것이었다.

"나는 OO야. 내일 기차에서 내리면 마을 뒤 미루나무 앞에서 만나자."

이런 내용이었던 것으로 기억한다. 엄마에게 들킬까 봐 얼른 가방 안에 쑤셔 넣었다. 얼굴이 붉어지고 가슴이 콩콩 뛰었다. 기차 안에는 남학생들이 많았지만, 의자에 가방을 팽개치고 놀았으니 누구인지 알 수 없었다. 나를 어떻게 알고 만나자는 건지 시간이 흐를수록 궁금증도 부풀었다. 늦은 밤 자리에 눕자 방 천장에 남학생들 얼굴이 둥둥 떠다녔다. 가슴이 두근거리고, 잠은 밤하늘로 일찌감치 달아나 버렸다.

　다음날, 같은 기차에 탄 남학생 모두를 떠올려보았다. 누구일까, 나름 예리한 눈빛으로 훑어봤지만, 도무지 알 수 없었다. 가방을 들고 놀아도 되련만 의도적으로 의자에 팽개쳤다. 다시 쪽지를 넣을지도 모른다는 생각에서였다. 허탕을 치고도 그가 또 편지를 쓸까 자못 궁금했다. 그런데 며칠 후 가방에 쪽지가 들어있었다. 기다렸는데 왜 오지 않았느냐며 재차 만나기를 청하는 내용이었다. 하지만 잠시 설레었을 뿐 미루나무 앞에 갈 생각은 애초에 없었다.

　한 달쯤 지났을까, 기차에서 내려 집으로 가는 내 뒤를 한 남학생이 따라왔다. 직감적으로 쪽지의 주인공임을 알았다. 주위에 아무도 없어선지 나를 가로질러 앞에 섰다. 교복의 이름표를 손으로 가리키며 수줍게 말을 시작했지만, 나는 카라에 달린 학년 표시를 보았다.

　"2학년인데 대학은 안 가나요? 이럴 시간에 공부나 열심히 하세요!"

왜 이런 말이 튀어나왔는지 알 수 없었다. 야무지게 쏘아붙이고 돌아서는데 가슴이 쿵쿵 뛰었다. 한참을 뛰듯이 걷다가 슬며시 돌아보았다. 남학생은 고개를 숙인 채 그 자리에 서 있었다.

세월이 흘러 서울시 공무원이 된 나는 남편과 결혼을 약속하고 부모님을 뵈러 갔다. 내게 온 것이라며 아버지가 건네주는 편지에는 발신인이 없었다. 겉봉을 뜯자 단정하게 쓴 두 장의 편지가 접혀있었다. 쪽지 남학생이 보낸 것이라는 걸 단박에 알 수 있었다. 그렇다면 그 무렵 그가 우리 집 앞까지도 왔었다는 게 아닌가.

"이제는 어쩌면 누군가의 여인일지도 모르는 그대에게, 한번은 마음을 전하고 싶어 부질없는 일인 줄 알면서도 편지를 씁니다".

첫 내용이었다. 자신이 먼발치에서 바라보며 좋아했노라는 것과 이제는 기약 없는 그리움을 접어야 할 것 같다는 이야기였다. 어디에서 살든 행복하기를 바란다는 말로 맺고 있었다. 애틋한 울림이 번지는 편지였다. 잊을 만하면 날아오던 익명의 편지도 그가 보낸 것이었을까. 내가 뭐라고, 그에게는 십 년이 넘도록 그리운 여학생이었을까. 호리호리하고 해맑았던 모습이 아슴아슴 떠올랐다.

나의 풋풋한 소녀 시절 서사가 깔린 광주송정역. 크게 지은 역사

아래 고속열차들이 쉼 없이 오간다. 그 분주함 속에 기차 통학이라는 풍속도는 사라진 지 오래다. 두리번거리며 여학생 가방에 쪽지를 넣었던 홍안의 소년도 이제는 없다. 낭만과 설렘 또한 소설 같은 옛이야기로 남았을 뿐이다.

  쪽지를 보며 얼굴 붉히던 여중생, 그때로부터 수십 년의 세월이 흘렀다. 쪽지 두 개와 편지 한 통의 추억을 남긴 남학생을 이제는 만나보고도 싶다. 그러나 통학 기차도, 미루나무도 없으니 만날 일도 사라지고 말았다.

한 상에 둘러앉아

집안에 TV 소리만 울린다. 혼자 누리는 공간이 자유롭다. 비 온 뒤여서인가. 아파트 앞뒤로 있는 숲이 시끌벅적하다. 더위가 절정을 이루니 매미도 목이 터진다. 텔레비전을 끄자, 소리는 더욱 커지며 돌림노래 하듯 간격을 맞춰 울어댄다. 커피 물을 끓인다. 물이 오래 끓어야 커피 맛이 깊어진다. 커피메이커 대신 주전자에서 다글다글 물 끓는 소리가 좋다.

어머님은 친구들을 만난다며 한창 단장 중이다. 아픈 곳이 많은데도 이럴 땐 잠시 잊은 듯하다. 여든이 지난 지 오래지만 기대와 설렘이 피어오른 표정은 젊은 여자들 못지않다. 회사 일로 바쁜 아들이 주말인데도 출근하고 약속이나 한 듯 남편까지 외출복을 입는다.

"오늘도 나가?" "응" 말수가 적은 남편은 역시나 단답형이다.

"일찍 와요." 큰 눈을 껌뻑일 뿐 시원한 대답은 없다. '에이그, 재미없는 남자' 속으로 앙알대며 뒤통수에다 눈을 흘긴다. 친구들은 안방에서 서재로 출퇴근하는 남편 때문에 답답해하는데 다행이라고 해야 하나. 오늘 나가면 내일 들어오기 일쑤이나… 구두를 신는 밉상 남편 뒷머리를 매만져 준다. 밖에서 보이는 남편 모습에 아내의 마음 씀이 묻어있으니 말이다.

집에 혼자 있게 되자 끓인 물을 커피잔에 가득 따른다. 조용한 집안을 커피 향과 음악으로 채운다. 'Hotel Califona' 'Imagine'에 이어지는 이승철, 임재범이 부른 노래가 감성을 톡톡 건드린다. 고갯짓으로 까닥까닥 리듬을 탄다. 매미들도 코러스를 넣는다. 거실에서 내려다보는 단지 안의 숲에는 오선지가 펼쳐진다. 초록 음표들이 바람결에 휩쓸린다.

늦은 점심을 혼자 먹는다. 달랑 수저 한 벌, 밥 한 그릇, 물잔 하나, 간소한 반찬 그릇들, 마주 보며 얘기할 사람도 없다. 그래서인지 밥이 줄지 않는다. 오늘따라 전화기까지 조용하다. 늘 사람들 속에 있었던 탓인가. 혼자 노는 시간이 좋은데도 약간 쓸쓸하다. 어느덧 해가 서쪽으로 기울고 나무 그림자도 길게 눕는다. 가족들이 있어야 할 자리로 자꾸 시선이 간다. 급기야 문자메시지를 보낸다. 복닥

복닥 소란하면 조용한 게 그립고, 조용하면 약간의 소란이 그리우니, 모를 일이다.

주방으로 간다. 적당히 살이 오른 호박잎과 가지를 찌고 양념장을 만든다. 얌전한 그릇에 담아 양념장을 얹는다. 배추김치도 꺼내 썰고, 초여름에 담가 둔 오이지를 송송 썰어 새콤한 오이냉채를 만든다. 참깨를 뿌리고 얼음도 동동 띄운다. 뚝배기에 된장을 풀고 미리 준비해 둔 육수를 붓는다. 여린 호박과 호박순, 조갯살을 넣어 애호박 찌개를 끓인다.

문자 덕분인지 저녁 먹기 좋은 시간에 다들 귀가했다. 가족들이 둘러앉아 밥을 먹는다. 밥그릇과 숟가락 젓가락 소리가 경쾌하다. 그 사이로 이야기가 쉼 없이 오간다. 고기도 굽고 시원한 맥주도 곁들인다.

"니 덕분에 저녁은 잘 먹는다만, 며느리 술 따라주는 시어미가 어디 있드냐?" 핀잔을 얹어서 어머님이 맥주를 따라준다.

"어머니, 기왕이면 가득 채워 주세요!"

결혼 초에는 어렵기만 했던 분이다. 시집와 남편이 첫 숙직을 서던 날, 낯선 집이라 무서울 거라며 안방으로 끌려가다시피 불려가 옆에 누웠다. 그날 어머님 옆자리가 더 무서웠던 비밀도 풀어놓은 지 오래다. 숨도 못 쉬고 잠을 설쳤던 기억이 생생한데 이제는 절반쯤 친구

같은 느낌으로 산다.

　여러 나라를 다녀온 이들의 여행기에서 행복에 대해서는 같은 얘길 한다. 살아온 환경과 민족이 달라도 현지인들은 '가족과 한 상에 둘러앉아 밥 먹는 것'을 최고의 행복이라 여긴다는 것. 이처럼 동서고금을 막론하고 인류 보편의 가치인 행복은 저 멀리에서 나는 파랑새가 아니다. 우리의 평범한 일상에, 단란한 밥상 위에 늘, 선물처럼 놓여있는 것이라.

　음식쓰레기를 갈무리해 현관에 나서니 오늘따라 옹기종기 놓인 네 켤레의 신발이 예사로 보이지 않는다. 구겨지고 먼지 묻은 신발을 신고 하루를 열심히 살았고 '우리 집'으로 무사히 돌아온 사람들이구나. 익숙함에서 느끼는 새로운 울림, 아침저녁으로 보던 땀내 나는 신발의 존재에 가슴이 뭉클하다. 세상살이의 소용돌이 속에 길을 잃어버리지 않도록 신발을 가지런히 정리한다.

　"산은 숲을 품고/숲은 나무를 품고/나무는 새를 품고
　새는/새는/새는/온 산을 품고"

　어느 시인이 읊은 것처럼 산과 숲과 새들은 서로를 품고 살아간다. 우리 또한 숲과 같은 둥지 안에서 서로를 보듬고 살아가는 것이려니 생각하며, 구두 안에서 땀에 전 양말을 조물조물 손으로 빨아 넌다. 가슴 속에 맑은 물방울 같은 느낌표 하나 또르르 맺힌다.

마늘을 까며

　전업주부가 되었다. 직장 다닐 때도 집안일을 거들었지만, 비중이 커지니 은근히 귀찮고 힘들었다. 종종 투덜대는 나를 보고 "이 사람아, 하고 싶어서 하는가, 하다 보면 재미도 붙는 게 살림이야." 하며 어머님은 부드러우나 매섭게 일침을 놓는다.

　오늘은 마늘을 까야 한다며 잘 말린 마늘 뭉치를 꺼내왔다. 김장 준비의 시작이었다. 어머님과는 사십 년 넘게 한집에 살았다. 그래선지 딸처럼, 큰언니와 막내처럼 임의로워서 종종 버릇없이 굴기도 했다. 이번에도 마늘을 물에 담가 불렸다가 까는 게 쉽다고 하시는데, 나는 아니라고 반기를 들었다. 그동안 바싹 마른 마늘을 다시 적시면 속껍질이 달라붙어 까기 더 어렵다면서 우겼다.

　"그럼, 각자 방식대로 까자."라고 어머님이 제안했다.

"네, 좋아요!" 냉큼 대답하고는 마늘을 적당히 나누었다.

어머님은 재빨리 물에 담그더니 낱개로 쪼갰다. 나도 일을 시작했다. 껍질이 잘 벗겨지긴 했으나 마른 마늘에선 흙먼지가 피어올랐다. 거실 이곳저곳에 가라앉을 먼지가 걱정되었다. 어머님이 보란 듯 여유만만 속도를 내자, 괜히 우겼나 싶어졌다. 슬그머니 마늘을 물에 적시면서 "어머니, 생각보다 먼지가 많이 나서요." 하고 말을 붙였다. "나, 안 물어봤다!" 하면서도 '그거 봐라, 어른 말을 들어야지' 하는 듯 나를 흘끗 돌아보았다. 어머님은 이번에도 나의 쓸데없는 고집을 그러려니 받아들였다.

우리 집 김장은 11월 정해진 날 없이 갑자기 시작된다. 사이모님이 농사지은 절임 배추가 오는 날에 맞추기 때문이다. 고작 네 식구지만, 해마다 오십 포기 넘게 김치를 담근다. 동치미, 고들빼기, 갓김치도 곁들인다. 장수 고랭지 배추라 포기가 크진 않지만, 자잘한 덤 배추까지 합하면 양이 만만찮다. 김장김치는 여러모로 쓰임이 많다. 잘 익혀서 삼겹살에 곁들이로 굽거나, 부침이나 찌개, 등갈비찜을 하는데도 필수재료라 매년 해를 넘겨 묵은지를 저장해 두고 먹는다.

마늘 까기는 달갑지 않지만, 미룰 수 없었다. 나는 바닥에 퍼질러 앉아 까는 게 힘들어 식탁에 자리를 폈다. 면장갑 속에 비닐장갑을 끼었더니 둔했다. 오른손 장갑을 벗어 던지고 속도를 올렸다. 얼마나 지났을까, 칼 잡은 손에 마늘즙이 스며 손가락 끝이 아렸다.

"어머니, 손이 매워 죽겠어요. 내년에는 까놓은 거 사다 쓰자고요."

싱크대로 달려가 손가락을 물에 첨벙대며 투정을 부렸다. 그러면서도 쉬지 않았다. 어머님 전화기도 가져다드리고, 사과도 깎아 나눠 먹고, 이모 이야기도 해가며 재빠르게 손을 놀렸다. 열중하다 보니 시간 가는 줄 몰랐다. 가을 오후 맑은 볕이 나무 그림자를 마당에 눕히는 중이었다. 눈을 들자 안산 자락 숲속에도 햇살이 비껴들고 있었다.

드디어 두 접이 넘는 마늘 옷을 다 벗겼다. 또록또록 영근 마늘을 눈길로 어루만졌다. 한쪽에는 우윳빛 속살을 자랑하는 알맹이가 소복하고, 옆에는 마늘보다 더 많은 껍질이 수북이 쌓였다. 거친 껍질 속에 매끈하고 알찬 속살이라니 낯익은 모습이건만 새삼 예뻐 보였다. 마늘을 말갛게 씻어 소쿠리에 건졌다.

어머님은 마늘 껍질을 갈무리하다 밀쳐놓고 "에구에구 다리야." 앓는 소릴 냈다. 오래 앉았던 탓에 몸이 굳어선지 가까스로 소파를 잡고 일어서려 안간힘을 썼다. 나는 손의 물기를 옷에 닦으며 달려가 허리를 붙잡고 부축했다. 이제 어쩔 수 없는 노인인가 싶어 애잔해졌다.

두 아이가 초등학교 다닐 때였다. 웬만큼 아파도 등교하지 않는 건 있을 수 없었다. 학교는 물론이고 컴퓨터나 피아노 학원도 마찬가지였다. 일단 다녀오라는 것이었다. 이마에 열이 끓는 아이들도 버티다 등 떠밀려 울며불며 집을 나서곤 했다. 그런데 신기한 건 어쨌든 집을 나서면 수업을 마치고 돌아온다는 것이었다. 그 덕에 초중고교 12년을 다니는 동안 두 아이 모두 개근상을 받아왔다. 어머님의 단호한 성정이 좋은 결과를 가져온다는 걸 인정할 수밖에 없었다.

일해백리—害百利, 마늘은 백 가지 이로움이 있을 뿐, 매운맛 말고는 해로움이 없단다. 그 알싸한 매운맛이란 것도 불에 익히면 단맛으로 변한다. 얇디얇은 껍질 하나로 추운 겨울을 견딘 마늘은 인고의 골짝을 건넌 대인 같다. 투덜투덜하거나 불평하는 일이 거의 없고 주어진 그대로 삶을 견뎌내는 어머님이 그러하다. 그래서, 살아보니 인생은 공평하더라는 혜안을 터득한 건지도 모르겠다.

어머님은 산골 농가에서 태어나 어려운 유년을 보냈다. 아버지가 일찍 돌아가시는 바람에 오 남매 장녀로 집안일을 도와야 했다. 간절하게 원하던 상급학교도 포기했다. 열아홉에 시집갔으나 서른 전에 사별하는 아픔을 겪었다. "말로는 다 못 한다."라던 온갖 고생을 감내하며 두 아들을 키워냈다. 당신은 쓰라린 옹이를 품고있어도 남에겐 다정다감했다. 누구에게든 단정하고 경우가 밝아 소위

과수댁이라며 남들이 함부로 대하지 못했다.

  마늘에서 어머님의 향기를 느낀다. 때로 단호하고 맵지만, 어떤 음식과도 잘 어울리는 마늘의 장점을 닮았다. 하회탈 같은 얼굴로 "너도 며느리 봐봐라, 얼마나 이쁜지" 하며 넌지시 며느리 사랑을 고백하는 어머님은 나를 끌어주는 멋진 인생 선배다. 그런 성품을 배우고 닮으려 하나 아직 멀기만 하다.

옛집

 방장산[1] 숲을 열고 보름달이 얼굴을 내밀더니 이내 외정지 호숫가를 기웃댄다. 잠을 청하던 물 버들이 달빛으로 몸을 씻는다. 서녘 저만치 구시포[2] 갯벌에 밀물 드는 소리가 들릴 듯 고요한 밤이다. 옛집이 달빛 속에 동그랗게 떠오른다. 길이 열리고 그 길을 어린 내가 총총히 걸어간다.

 옛집에는 닭장이 있었다. 닭은 무리를 지어 몰려다니길 좋아했다. 벼슬 붉은 닭들은 마루에 올라와 곤잘 해찰을 부렸다. "요놈의 달구새끼들! 징허게도 어질르네 잉." 엄마는 머릿수건으로 닭들을 쫓았

---

1) 방장산方丈山 : 전북 고창과 전남 장성에 걸쳐있으며 지리산, 무등산과 함께 호남의 삼신산이라 불림.
2) 구시포仇時浦 : 전북 고창군 상하면 소재, 명사십리 해변으로 임진왜란 때 사람과 비둘기가 반년간 피신했다는 '비둘기 굴'이 있는 해넘이 명소.

다. "푸드득 푸드드득" 요란한 날갯짓 소리가 마루에 깃든 정적을 깨웠다. 저녁을 짓느라 펌프에 마중물을 부어 올리던 해거름이었다. 붉은 달은 고샅 탱자 울타리를 훌쩍 넘어 대문 안으로 들어섰다.

동네를 휘젓고 돌아온 '워리'는 배가 고픈지 부엌 앞을 어슬렁거렸다. 밥솥에서는 밥물이 부글부글 끓어 넘치고 아궁이 잔불에 올린 된장찌개도 바특하게 맛이 올랐다. 엄마는 샛문을 열고 반찬이 놓인 밥상을 안방으로 들였다. 호박잎 쌈과 싱싱한 부추겉절이가 접시에 소복소복했다. "아가, 꼬치 몇 깨만 따오느라." 엄마 목소리가 들릴라치면 마당에서 놀던 나는 부리나케 텃밭으로 내달았다.

광주비행장이 들어선다던 어느 해, 황룡강 변 마을 배씨 일가는 집성촌을 떠나 흩어졌다. 아버지도 강을 거슬러 올라와 송촌마을에 터를 잡았다. 나주평야로 이어진 논들이 드넓게 펼쳐지고 마을로 들어서는 길옆에는 소나무가 푸르렀다. 일곱 살 어린 눈에 텃밭은 하염없이 넓었다. 울타리에 둘러선 감나무와 뽕나무가 우람해서 초가집마저 근사해 보였다.

추수가 끝나는 가을이면 낡은 이엉을 갈아줘야 했다. 아버지는 만능 재주꾼이었다. 볏짚을 엮고 꼬아 반듯한 새 이엉을 지붕에 척척 덮었다. 부엌에는 대나무 살강이 반듯했다. 반질반질한 부뚜막에는 가마솥 두 개가 걸려있었고 엄마는 아궁이 앞에 앉아 불을 때곤 했다. 그 집은 그런대로 살만했지만, 관리하기 번거롭고 불편한 게 문제였다. 새로 집을 짓자는 말이 오가기 시작했다.

가족회의가 열렸다. 회의라고 해봐야 엄마, 아버지, 서울에서 내려온 오빠와 내가 다였다. 마주 앉아 집을 앉힐 도면을 그렸다. 일자형 다섯 칸 기와집이었다. 대청마루를 사이에 두고 안방과 건넌방, 아이들 방을 계획했다. 안방 옆에는 부엌과 넓은 마루방을 두어 다용도로 쓰기로 했다. 엄마는 부엌의 편리함을 우선했고 나는 내 방이 넓길 원했다. 마당에서 뛰놀던 동생은 제 방도 달라며 칭얼댔다. 이런저런 의견이 분분해 몇 번인가 설계도를 다시 그렸다.

집짓기가 시작되고 몇 달 후, 돼지머리 올린 상이 마당에 차려졌다. 이웃들의 축하로 북적북적한 분위기 속에 상량식을 올렸다. 광목을 묶어 대들보 위에 올린 마룻대가 꼭 들어맞았다. 사람들은 환호했고 볕에 그을린 부모님 얼굴도 꽃처럼 피어났다.

봄이면 아버지와 나는 꽃밭에 앉아 움트는 새싹을 보곤 했다. 왕벚나무가 탐스러운 꽃구름을 피우면, 뒤란에 올린 포도 덩굴에선 청포도가 알알이 탐스러웠다. 봉숭아가 붉게 피는 한여름, 아버지는 반반한 돌 위에 백분 넣은 꽃잎을 모아 작은 돌멩이로 콩콩 찧었다. 내 손톱에 얹어 봉숭아 이파리로 감싸고는 무명실로 야무지게 묶었다. 하룻밤 자고 나면 손가락까지 붉게 물들었다. 그런 아버지도 가끔 당신 잘못이나 자식들 일로 엄마와 입씨름을 벌였다.

"그러믄 시방 이녁이 잘했단 말이요?" 엄마가 퇴로를 염두에 둔 듯, 대문 앞에 서서 마루에 양반다리를 하고 앉은 아버지를 향해 속사포를 쏜다. 아버지도 엉거주춤 일어나며 "이 사람아, 사람이 바람 구녕이 좀 있어야제, 으째 요로코 답답하당가. 에이!" 하면 싸움이 절정을 향해 간다. 치마를 만지작거리며 서 있던 나는 마당으로 쪼르르 나선다. "아부지, 엄니! 왜 그런당가. 나한테는 싸우지 말라고 안했능가." 하며 번갈아 쳐다본다. 어린 딸의 출현에 아버지는 "어험, 어험!" 헛기침하고, 엄마는 이기기라도 한 듯 삐그시 웃고는 고샅으로 팽하니 나간다.

그 집에서 십칠 년을 살았다. 여름이면 오디가 까맣게 익어가듯 나도 해마다 조금씩 발그레해졌다. 공무원 시험 합격통지서도 받았다. 아침이면 제적등본 다섯 통만 떠다 주소, 우리 손자 출생신고도 좀 해주소, 하며 이웃들이 드나들었다. 저녁참에는 찾아가느라 다시 왁자했다. 아버지는 "아따, 가는 짐에 해다 줄 수 있제. 뭘 이런 걸 갖고 왔싼가." 하며 못 이긴 척 솔담배 한 보루를 받아들었다. 옆에 있던 엄마도 "긍께 말이요." 맞장구치고는 평상에 허리를 세우고 앉았다.

달이 휘영청 밝은 초겨울 보름밤, 아버지는 당신의 손때묻은 집을 영원히 떠나버렸다. 엄마에게 자식들을 맡기고 그저 훌훌 가셨다. 저녁이면 구성진 옛이야기에 눈을 빛내던 딸을 두고서 말이다. 얼마 후, 엄마는 오빠들에게 논밭을 나눠주고 집을 정리해 무등산이 보이는 광주로 이사했다. 무심히 세월은 흘러 엄마마저 어느 봄날 홀연히 떠났다. 아버지께 간다 했으니 사십 년의 시간인들 만남을 막지는 못했으리라.

  내 유년의 집은 보드랍고 아늑했다. 아버지와 엄마의 훈기가 서려 있어 생각만으로도 마음이 따뜻해진다. 두 어깨에 여섯 자식을 짊어진 채, 빠듯한 살림에 동동거렸던 부모님께 그곳은 어떤 집이었을까, 긴 한숨을 몰아쉬며 달 밝은 마당을 이리저리 걷던 밤도 많았을 터였다. 잠결에 들던 도란거림은 무거운 걱정을 나누는 소리가 아니었을까.

  달빛은 외정지 오솔길로 흐르고, 나는 아슴아슴한 옛날의 그 집 대문을 밀고 마당으로 들어선다.

동치미를 담그며

동치미를 좋아한다. 자극적이지 않으면서 시원하며 은근히 톡 쏘는 맛이 요즘 말로 취향 저격이다. 동치미는 다른 김치에 비해 재료도 간단하다. 물과 소금, 무만으로도 맛을 낸다. 우리 집은 해마다 동치미를 담는데 국물 절반은 내가 마시는 것 같다. 못 말리는 동치미 사랑이다.

어릴 때는 긴 겨울밤이 심심해 마실 가는 엄마 치마꼬리를 붙들고 따라나서곤 했다. 엄마들은 어느 아짐네 뜨끈한 안방에서 이불속에 다리를 묻고 이야기꽃을 피웠다. 엄마 무릎을 베개 삼아 나는 스르르 잠이 들었다. 어느 순간 사각사각 무 씹는 소리가 엄마 무릎을 통해 전달된다. 간질간질한 진동에 설핏 실눈을 뜨면, 엄마와 아짐들 손에는 고구마가 들려 있었다. 길게 썰어 젓가락에 꽂은 동치미도 함께였다. 나는 맛있는 소리를 들으며 다시 잠에 빠지곤 했다.

겨울철 우리 집은 외가에서 가져다주는 소나무 잔가지를 땔감으로 썼다. 하나둘 연탄을 피우기 시작하던 그때는 대부분 흙집이어서 구들장 틈새로 연탄가스가 들어오는 일이 잦았다. 가스에 중독되어 누군가 사경을 헤매면 엄마는 동치미를 바가지에 퍼 들고 그 집으로 달려갔다. 치마를 허리춤에 걷어붙이고 빈 바가지를 들고 오면서 "살았어, 살아났어야" 하던 모습이 어린 내 눈에는 놀랍고 신기했다. 동치미 국물을 마셨을 뿐인데 죽음의 문턱에서 깨어나다니, 동치미 국물 한 사발은 병원도 약국도 멀던 당시 시골에서 사람을 살리기도 했다.

나도 동치미 담가에 도전했다. 김치 담가에도 '원판불변'의 법칙이 적용된다. 재료가 좋아야 결과물이 좋고, 좋은 재료는 어느 정도 맛을 보장한다. 동치미용으로 적당한 굵기와 둥글둥글 예쁘게 생긴 무를 사 왔다. 무청이 파랗고 이파리도 싱싱한 걸 골랐다. 어머님이 총괄하니 늘 간 보는 담당이었지만, 오늘은 처음부터 끝까지 내가 해 볼 참이었다.

무를 씻어 하나씩 소금에 굴려 밑간하고 차곡차곡 항아리에 넣었다. 국물 맛을 돋우는 청각이랑 저민 생강도 넉넉하게 넣었다. 마늘, 배, 쪽파, 삭힌 고추 등을 베주머니에 갈무리해 꾹꾹 눌렀다. 베란다 시원한 곳에 꼬박 하루를 재웠다. 다음날 소금물을 만들어 부어주고 자색 갓 이파리로 덮어 공기접촉을 막았다. 무가 잠기도록 누름돌을 가로질러 덮고는 뚜껑을 닫았다. 맛있게 익으라며 항아리 궁둥이를 툭툭 두들겼다.

숟가락을 들고 베란다로 달려가 가끔 맛을 보곤 했다, 보름쯤 지나자 맛이 들기 시작하고 어느 날 입맛에 딱 맞는 시점이 왔다. 시원하고 간도 맞춤한 데다 무가 아삭아삭 씹히는 게 흡족했다. 생강을 많이 넣으면 톡 쏘는 맛이 난다더니 과연 그랬다. 첫 솜씨치고는 결과물이 괜찮은 것 같다. 날씨가 일정하게 추운 날이 이어지고 재료들이 조화롭게 우러난 덕분이었다. 무엇보다도 숨 쉬는 항아리가 큰일을 했을 터였다.

"일을 꾸미는 건 사람이되, 이루는 것은 하늘이다."

제갈량의 '적벽대전'에나 어울릴법한 거창한 비유지만 사실이 그런 걸 어쩌랴! '일하는 건 사람이나 날씨가 돕지 않고는 어렵다' 정도로 바꾸어 볼까?'

동치미 덕분에 식사가 즐겁다. 무를 가지런히 썰어 담고 푸른 잎은 고명으로 얹는다. 국물을 자작하게 부어 식탁에 올리면 열 반찬 부럽지 않다. 좀 짜다 싶으면 얼음 몇 알을 동동 띄워준다. 첫술부터 숟가락이 동치미로 향한다. 아무리 먹어도 물리지 않는다. 남은 한 방울까지 들이켜는 나를 보고 국물을 싫어하는 어머님이 묻는다.

"그렇게도 맛있냐?"

"어머님이 하신 것만 하겠어요. 흉내도 못 내겠어요."

어머님의 동치미도 맛있지만, 어릴 적 먹었던 친정엄마의 동치미는 최고였다. 부엌 뒷문을 열면 처마 아래 김치 항아리를 저장하는 곳이 있었다. 커다란 항아리에 살얼음 낀 동치미가 그득했다. 적당히 숙성돼 노릇해진 무위에 굵은 대파와 삭힌 고추도 동동 떠 있었다. 엄마는 동치미를 작은 반달 모양으로 써는 게 아니라 길고 먹음직스럽게 쭉쭉 썰었다. 그리곤 큼직한 옹기에 푸짐하게 담아냈다.

이가 시리도록 시원한 동치미 한 사발, 가슴 밑바닥에 쌓인 청춘의 체증마저 씻겨 내려가게 하는 청량제였다. 언제쯤에나 그런 동치미를 담글 수 있을까. 살얼음과 함께 아삭아삭 씹히던 소리야 톡 쏘는 맛, 그렇게 되기까지 재료 섞임의 조화로운 비율과 기다림, 장소와 항아리가 큰 역할을 한다. 이렇듯 제 색깔을 갖기까지는 인고의 시간을 건너야 한다.

섣부른 글을 써대며 숙성을 기다리지 못하는 조급함, 그러면서도 톡 쏘는 동치미 같은 글을 욕심내는 것은 어불성설 아닌가. 좋은 재료를 골라 온도와 시간을 버무려 뭉근하게 우려내야 하는데 말이다. 영혼의 담금질이 절실하다는 걸 동치미에서도 배운다. 시원한 국물이 머리까지 환하게 해준다.

우리라도

 열 한명이 둥근 테이블을 사이에 두고 앉았다. 은퇴 후 시간이 흐르다 보니 정착한 곳이 다양하다. 세종시나 공주시, 지리산 아래 살다가 정해진 날이면 나들이 겸 서울로 모인다. 주로 금요일 저녁에 만난다. 주말이면 고창에서 서울로 올라오는 나를 배려해서다. 공직 시절 같은 부서에 근무하던 팀장들이 당시 과장을 모시고 오래전 만들어진 모임이다. 어느덧 삼십 년이 넘어가는 사이라 대화에서 묵은지 내가 난다. 여자라곤 나뿐이어서 그때나 지금이나 홍일점의 지위를 꿋꿋이 누리고 있다.
 서로 다양한 일상에 옛일을 버무려 이야기꽃이 풍성하다. 대화의 끝은 어느덧 결혼 안 한 자녀들에게 집중된다. 너나없이 집마다 한 명 정도 있는 미혼자녀와 그들이 지향하는 삶의 방식에 혀를 찬다.

저출산 문제의 심각성 때문이다. 언제부터, 어디서부터 잘못된 걸까, 대체 무엇이 문제인가를 놓고 열띤 토론이 이어졌다.

"살집이 현실적으로 가장 압박받는 근심거리죠. 그래서 획기적인 방안이 나와야만 해요. 원하는 경우, 신혼부부에게 이십 년 살 수 있는 임대주택을 제공하고, 아이들은 어린이집부터 고등학교까지 의무교육을 시행하는 거죠. 참, 무상교육은 하고 있어서 학부모의 경제적 부담이 훨씬 가볍다고는 해요. 그리고 아이 볼 사람을 원할 경우, 의무적으로 도우미를 파견하면 우수한 여성 인력의 경력 단절을 막고 은퇴 세대의 일자리까지 창출하는 거지요. 가장 큰 사회 문제 세 가지를 국가에서 통 크게 해결해야만 '국가 소멸'이라는 대재앙을 막을 수 있지 않겠어요?"

"맞아요. 요즘 지자체마다 아이 낳으면 일억을 주네, 삼천만 원을 주네, 경쟁하듯 야단이지만 얼마 지나지 않아 다 떠나버린대요. 오죽 답답하면 인구를 늘리려고 그런 궁여지책을 시행할까만, 두더지 잡기식 미봉책에 불과한 겁니다. 효과는 사실 미미한 거라 나라 전체를 끌고 갈 강력한 사령탑과 일관된 정책이 반드시 뒷받침되어야 한다는 거지요"

결혼하고도 아이를 낳지 않는 딸과 아직 결혼 생각이 없어 보이는 아들이 있는 나도 긍정 의견을 보태며 한마디 거들었다.

"지금의 인구절벽에 국가 소멸을 걱정할 정도로 저출산의 늪에 빠져든 것은, 70년대 급격한 가족계획 정책이 시작이었다고 봐요. 무조건 둘만 낳자고 할 게 아니라 완급조절을 하며 줄여가되, 적극적인 이민 정책을 병행해야 하지 않았나요? 재외동포도 든든한 국력인데."

"그러게요. 셋을 데리고 다니면 미개인 대하듯 흘끔흘끔 쳐다봤지요. 면사무소마다 '모자 요원' '가족계획 요원'을 두어 마을을 돌며 단산을 유도했어요. 게다가 예비군교육장에서는 우리가 아는 그런 일들이 벌어졌잖아요. 범국가적으로 시행한 정책이 분명 원인의 하나일 수 있겠네요. 그때는 호랑이보다 무섭다는 가난을 벗어나는 게 시급한 과제였던지라 미래에 무슨 일이 있을지는 상상도 못 했겠지만요."

"거기다 여성의 학력이 높아지고 사회 진출은 활발해지는데 그를 받치는 보육 정책은 허둥대다 보니, 아이 키우기는 더 힘들어졌고요. 살벌한 경쟁 사회로 진입하면서 만만찮은 사교육비에 부동산까지 요동쳤잖아요. 그러니 젊은 세대는 결혼과 출산이 버거워 아예 기피하게 된 거죠."

다들 할 말이 많았다. 부모들조차 내 인생이 소중하다며 손주 보기를 꺼리는 현실이 아닌가. 일인 가구나 화려한 싱글이 대세가 된 세상이다. 육아를 기쁨과 행복으로 여기지 않고 인생의 걸림돌이고 고생이라는 인식도 만만찮다. 모두 답답한지 한숨으로 잠시 정적이 흘렀다. 그뿐이 아니다. 하나뿐인 내 자식이 귀하다귀하니 남들 하는 건 다 해줘야 한다는 심리도 팽배하다. 아이를 대상으로 한 키즈카페나 각종 체험장 같은 영악한 사업이 젊은 부모들의 등을 휘게 한다. 모임의 대장, 당시 과장이었던 윤 국장이 심각한 얼굴로 한 말씀을 내렸다.

"자자, 그럼 한숨만 쉴 게 아니라 뭘 좀 해보자고. 기획팀장 솜씨를 살려 최 과장이 여러 의견을 깔끔하게 정리해 보세요. 어디를 붙들던 반영이 되게 노력해 봅시다. 예산팀장 홍일점은 소요 예산을 한번 추계해서 붙이면 어때요?" "좋습니다. 뭐라도 해서 국회로 쳐들어 갑시다아!"

그때, 종로3가 추억의 카페에서 시니어를 위한 음악 디제이 봉사로 늘 즐거운, 옛날 법제 팀장이 손을 번쩍 들었다.

"저요! 대책이 하나 더 있거든요. 다니던 모교가 없어져도 애달픈데 나라 소멸이니 하는 끔찍한 말을 우리가 듣고 있어야 합니까?. 젊은이들이 안 하겠다면 한평생 녹봉을 받으며 나라 위해 몸 바친 우리가 나서야만 합니다."

막 나온 칠리 새우를 접시에 덜다 말고 숯 검댕이 같은 눈썹을 씰

룩거리며 웃는 그에게 눈길이 쏠렸다.

"그래요? 어떻게요?"

"그것은, 그러니까 그 대책은, 어떻게 해서든, 우리라도! 한 명씩 낳아보자는 겁니다! 왜 안됩니까?"

"하하하, 히히히, 껄껄…" 광화문 '동영관'의 오래된 창문이 덜거덕거렸다.

이 나라 국민이라면 다들 걱정하는 인구감소 문제, 끝없이 추락하는 저출산의 늪은 한두 가지 정책으로는 해결할 수 없다. 오늘도 뉴스에선 10월에 출산한 아이가 역대 최저로 이만 명에도 못 미친다는 우울한 소식을 전한다. 오래전 프랑스도 겪었던 일이다. 그들은 아이 셋을 낳으면 온 가족이 살 수 있도록 국가에서 경제적 지원을 퍼부어 극복해 냈다. 그걸 알지만, 실마리를 못 잡는 형편이다. 문제의 소용돌이 안에 갇힌 느낌이다.

중구난방, 언 발에 오줌 누듯 내세우는 방안으로는 한계가 있지 않은가. 이것저것 해봐도 흐지부지되고 마는 걸 실감한 마당에 이제라도 중심을 잡아야 한다. 단단한 목표와 지자체의 정책을 통합하고 국가적 역량을 쏟되 참을성 있는 추진이 필요하다.

아이들이 북적거리는 마을, 시끌벅적한 골목을 되살리기 위한 묘안은 분명 있지 않을까. 우리는 유사 이래 위기에 강한 나라였다. 누리호를 우주로 밀어 올리는 용솟음치는 추진력이 있잖은가. 향후 끝없이 이어질 민족의 역사를 향해 달려갈 응집된 묘수를 함께 만들어내야만 하리라. 할 수 있으리라. 우리는!

배추를 이겨라

 단풍잎이 하늘거리며 허공에 사뿐히 발을 놓는다. 바람의 오선지에서 음을 고르는 잎새의 몸짓, 어느새 가을이 깊어지고 있다. 어깨를 웅크린 채 외출에서 돌아오니 장수 이모님이 보낸 배추가 수북하다. "어머나 싱싱해라. 일감이 풍성하네요!" 얼떨결에 나온 말인데 어머님이 흘끗 돌아본다. '내 동생이 보낸 건데 이 사람아, 일거리라니' 딱 이런 표정이다. 모르는 척, 배추를 주방으로 옮기다 보니 어느 날의 배추 더미가 떠올라 고개를 젓는다.

 이십여 년 전이었다. 직장에 다닐 때 주말이면 어설픈 농군이 되곤 했다. 팀원을 꼬드겨 밭 여섯 개를 분양받아 주말이면 함께 밭을 맸다. 연두에서 초록으로 채소의 성장은 빨랐다. 살이 도톰해지며 싱그럽기 그지없었다. 마음에도 눈길에도 초록 물이 스며들었다.

몽글몽글 꽃송이 같은 상추가 손바닥만큼 자라자, 퇴근 후에 삼겹살을 사 들고 텃밭으로 달려갔다. 어떤 음식이 그리도 맛있을까. 평상에 둘러앉아 불판의 고기를 뒤집어가며 흥에 겨웠다. 고기도 익고 이야기도 익었다. 별빛이 내리던 밤의 오붓한 파티였다.

늦여름 벼꽃이 필 무렵에 김장거리를 심었다. 새싹은 땅 힘을 받아 자라기 시작하는데 두 명이 중도에 그만두었다. 일주일만 걸러도 잡초가 무성해지는 밭을 감당하기 힘들단다. 그 밭은 자의 반 타의 반 내 차지가 되어 버렸다. 배추는 우렁우렁 커가는데, 난감했다. 속이 노랗게 찬 배추를 나눠준대도 시댁에서 온다, 친정에서 준다며 지인들은 마다했다. 거기에다 여행 날이 다가오고 있었다. 날씨는 하루가 다르게 매서워졌다. 어머님은 배추가 얼어버리겠다며 주말에 거두자 했다. 나는 맡은 일이 있어 여행에 빠질 수 없었다. 곤란하던 차에 알아서 뽑아 놓을 테니 다녀오라며 남편이 슬쩍 거들었다.

이틀간의 여정을 마치고 돌아와 대문을 열었다. 그런데 나를 반긴 건 배추였다. '웬수' 같은 배추 더미가 노적봉처럼 마당에 쌓여 있었다. 옆에는 종아리만 한 허연 무까지 한 무더기였다. 말문이 막혔다. 때는 11월 말, 시간은 밤 열한 시였다. 찬바람에 배추 뽑느라 지쳤는지 가족들은 곤히 잠들어 있었다. 배추들이 시퍼런 손으로 바짓

가랑이를 잡아채는 것만 같았다.

전투복으로 갈아입었다. 놀다 왔으니 배추와의 전투를 각오했다. 장독대 아래 창고에서 빨간 고무통을 꺼냈다. 길고 커다란 통 네 개를 수돗가로 간신히 끌어다 놓았다. 소금을 바가지로 떠 물에 풀었다. 통이 큰 배추는 네 쪽이나 여섯 쪽, 작은 건 반쪽씩 손질돼 있었다. "얼추 백통이렷다~ 그래봤자 너희들 삼사백 쪽밖에 안 되잖아!" 양손을 허리춤에 얹고 애먼 배추를 향해 기세 좋게 선전 포고했다.

소금물에 담가 먼저 기선을 제압했다. 두툼한 배추 위에 소금을 뿌려가며 차곡차곡 눕혔다. 배추가 워낙 무거워 쓸데없이 농사를 잘 지었다며 구시렁댔다. 허리는 끊어질 듯 아팠지만 중단할 수도 없었다. 소금이 모자라면 잽싸게 퍼왔다. 물에 풀어 휘휘 저은 다음 배추를 담갔다가 뺐다. 배춧속에 골고루 소금을 넣고, 고무통에 차곡차곡 담았다. 같은 동작이 수없이 이어졌다. 들었다 놨다, 앉았다 구부렸다, 배추와의 싸움은 동녘이 불그레한 첫새벽까지 이어졌다.

"여보, 일어나! 일른 마당에 좀 나가봐."

남편이 나를 흔들며 히죽히죽 웃었다. 눈도 못 뜬 채 일어나 아래층으로 구르듯 내려갔다.

"아니 에미야, 너는 오밤중에 뭔 예술을 이리 요란하게 했다냐?"

어머님이 호스로 물을 뿌려가며 빗자루로 마당을 닦고 있었다. 세상에나! 마당은 허연 소금물 그림으로 난장판이었다. 대문에도 축축 뿌린 추상화가 선명하고, 창고로는 작은 오솔길이 나 있었다. 어젯밤 내가 한 짓이 고스란히 거기 있었다. 분명히 새벽까지 절인 배추였다. 그런데 새파랗게 산 배추가 고무통을 넘어 다시 밭으로 가겠다며 기어 나오고 있었다. 숨은 죽지 않았고, 싸움은 이긴 게 아니었다.

으슬으슬 몸살 끼가 있었다. 거실에 쌓인 장수 배추를 보며 내일 할까, 잠시 고민하다 이내 팔을 걷었다. 결국, 내 일이요, 미룬다고 저절로 김치가 될 것도 아니다. 세상에 눈같이 게으른 게 없고, 손보다 바지런한 게 없다던 말이 떠올랐다. 겨우 스무 통 남짓이니 그 옛날에 비하면 조족지혈 아닌가.

배와 멸치젓과 북새우를 갈았다. 채수와 사골국으로 찹쌀죽을 끓여 온갖 재료를 섞어 치댔다. 갓과 쪽파도 송송 썰어 빛깔 고운 양념을 만들었다. 맛깔난 양념으로 넉넉히 버무린 배추김치를 차곡차곡 통에 담았다. 나박나박 썰어 둔 무김치도 꾹꾹 눌러 갈무리했다. 저녁 밥상에는 갓 버무린 김치에 야들야들 삶은 수육을 올렸다. 자연스럽게 이십여 년도 더 지난 김장 일화도 한 접시 푸짐하게 놓였다.

"아이고, 우리 에미 볼~만했지. 거실에 두 다리 뻗고 앉아서 어머니, 김장하다 며느리 죽어요, 죽에! 하면서 어찌나 엄살을 부리던지."

그때는 당신의 피곤은 미뤄두고 등을 두드려 주던 어머님이 흑역사를 꺼내 놀렸다.

"아니에요, 어머니아~ 해도 해도 안 줄어서 고놈의 배추를 내다 버리고 싶었다니까요."

뻘건 양념 묻은 두 팔을 치켜든 채 소파에 벌러덩 누웠다 일어나기를 수없이 반복한 날이었다. 입에서 단내가 풀풀 나던 그때도 지나고 보니 내 젊은 날의 한 페이지였다.

'지피지기 백전백승'이라 하지 않던가. 얼마만큼의 소금에 배추가 쓰러질지 가늠하지 못하고 무작정 덤빈 무모함이라나⋯ 설건드린 소금가에 더 기세등등하던, 꼴도 보기 싫던 배추는 어머님의 능란한 공격에 무너져 내렸다. 재차 소금 뿌리고 노련한 솜씨로 단박에 눌러 평정해 버렸으니 말이다. 그 후공이 없었더라면 어찌 되었을까. 열정과 오기만으로 튼실한 결과물을 얻는 건 아니었다. 강약을 조절하고 전체를 살펴 적절한 관계가 작동할 때 비로소 열매를 얻을 수 있었다.

오랜 시간 어머님 그늘에서 보고 배웠건만, 올해 김장도 혼자서는 엄두를 못 낸다. 나는 언제쯤 허둥거리는 미생未生을 면할 수 있을까.

옷을 벗다

집에 돌아오자마자 옷을 벗는다. 나설 때 입은 그대로 이틀을 보냈던 옷이다. 슬픔과 애틋함, 고마움과 아쉬움, 여러 감정에 흔들렸던 심신을 따끈한 물로 씻어낸다. 어느 낯선 곳을 헤매다 온 듯 노곤하다.

며칠 전 큰어머니의 부음을 듣고 다음 날 새벽 울산으로 달렸다. 병원으로 가는 발길이 낯설었다. 사촌들과 조카들이 바쁘게 조문객을 맞고 있었다.

"주야, 어서 오래이. 먼길 힘들었제. 새사람아 어서 오게" 하며 구부정한 허리로 두 팔을 벌려 반기던 큰어머니의 목소리가 들리는 듯했다.

큰어머니는 98세로 천수를 누리며 주무시듯 고요하게 떠났다. 오십 넘은 막내가 미혼인 것 빼고는 오 남매가 잘 지내니 복 있는 어른이라는 덕담이 오갔다. 안방 아랫목처럼 따습고 선한, 큰어머니의 지난날을 떠올리며 자신과 얽힌 감사의 추억을 서로 나누었다.

  태화강에 물안개가 피어오르고 있을 어둑새벽, 저마다 메별의 슬픔을 누르며 병원을 나섰다. 승화원을 향해 가는 리무진을 따라 자손들의 승용차 행렬이 줄을 이었다. 남편의 눈언저리가 붉었다. 아버지가 일찍 돌아가시자 어머님이 생계를 책임지는 사이, 어린 시절 몇 년을 큰댁에서 자란 남편이다. 큰어머니의 웅숭깊은 사랑을 받기만 했을 뿐, 잘해드리지 못한 것에 회한이 깊어 보였다. 말없이 손을 잡아 주었다.

  이윽고, 한없이 가벼워진 큰어머니를 장손 품에 모시고 청송으로 달렸다. 당신의 삶과 체취가 오롯이 담긴 집으로 가는 길이었다. 시집온 후 자식 낳고 기르고 짝지어 보낸 곳이다. 한평생의 희로애락이 씨줄 날줄 촘촘히 쌓인 터전이다.

  주왕산 줄기 마을 뒷산의 아늑한 품속, 돌아가신 큰아버지 곁에 모셨다. 생전에 술 좋아하고 바깥일에만 열심이던 큰아버지가 미웠던지 "내는 그리하기 싫데이!" 하셨다지만, 두 분을 합장했다. 자식들은 그게 큰어머니의 외로움을 덜어낼 수 있으리라 믿었다.

  산에서 내려와 상복을 벗어 접었다. 이제는 영영 이별이었다. 상하

행선 기차가 등을 지고 멀어져 가듯 우리는 일상으로 돌아서고 큰어머니는 자연으로 갔다. 두 딸의 애끓는 울음소리만 바람 속을 맴돌았다. 작은 몸 위에 얹힌 삶의 무거움을 이제는 내려놓았을까. 안동 김문에서 자라 청송으로 시집온 새댁의 고운 옷도, 동당거리며 일하느라 올려 묶은 치마도, 가없는 사랑으로 지키던 엄마라는 옷, 할머니라는 옷까지 말이다. 여인네의 굴레와 정든 이들의 손을 놓고 자유로이 훨훨 삶의 옷을 벗었다.

옷이란 무엇일까? 자신을 표현하는 소리 없는 언어라 해두자. 사람들은 옷을 통해 자신만의 개성과 삶의 모양새를 은연중 드러낸다. 단순함을 좋아하거나 일에 몰입하기 위해 똑같은 옷만을 입는 이도 있다. 청바지와 검은 셔츠를 고집했던 스티브 잡스가 그렇고, 회색 후드 티만 입은 마크 저커버그가 그렇다.

직장에서 퇴직할 때도 옷을 벗는다고 말한다. 지위와 명예, 흘러간 영광의 한 자락을 은퇴 후에도 움켜쥔 이들을 본다. 집 안에서 파티 옷을 입은 드라마 장면처럼 보기에 편치 않다. 벗었으되 벗지 못함은 추하다. 미련 없이 떨구는, 버림의 미학을 아는 겨울나무라야 새 옷이 주는 즐거움을 누릴 수 있지 않을까.

날씨가 추워진다. 화려했던 숲속의 연회도 끝나고 도심도 알록달록한 색을 벗는다. 베란다에도 가을이 물러난다. 추위에 약한 화초와 나무를 골라 거실에 들인다. 그냥 둘 나무들은 햇살 좋은 곳으로 모은다. 미니장미나 산호수 같은 나무들은 잎을 모두 떼어주고 가지치기도 한다. 봄이 되면 응축된 에너지가 올리는 연푸른 새 옷을 우북수북 입을 테니 말이다.

태곳적부터 순환하는 숙명, 이 땅의 모든 게 나고 지고 나고 진다. 거대한 트랙에 이미 올랐으니 주어진 것을 기꺼이 누리련다. 나의 삶에 어울리는 옷으로 베스트 드레서가 되리라.

선운사 꽃무릇

 어느 때보다 더운 여름이었지만 자연의 시계는 멈춤이 없다. 땀 흘리며 태양을 피해 비칠비칠 들어선 가을의 길목, 새벽녘 선득 부는 바람 한 줄기 꽃무릇을 부른다.
 고창에 살면서부터 이곳이 품고 있는 수려한 자연과 오래된 흔적의 이야기를 살피는 즐거움을 종종 누린다. 고인돌 공원에서 선사시대 사람과 눈을 맞추고 심원 바닷가 둑방에 올라 드넓은 갯벌을 향해 앉는다. 먼바다로부터 "슈~욱, 슈~욱" 거대한 밀물이 갯벌의 살갗을 훑으며 밀려 들어온다. 저만치서 울리는 아련한 물소리를 듣노라면, '물멍이랄까, 나를 향해 너울너울 달려오는 몸짓에 나른한 심신이 정화됨을 느낀다. 그에 대해 짙푸른 청보리가 넘실거리는 봄날, 메밀꽃 소금밭이 하얗게 빛나는 늦여름, 울울한 아기단풍 숲이 오색으로 물드는 어느 소슬한 날, 맞춤하여 달려가 마주할 수 있어 마음이 푼푼하다.

고창의 가을은 선운사 꽃무릇을 타고 온달까. 더위가 가실 무렵이면 꽃소식에 귀를 기울인다. 요즘 사찰마다 정성 들여 조성한 꽃밭이 많지만, 선운사 꽃무릇은 자생이라 더 귀하지 않을까 싶다. 도솔암에서 동백숲이 있는 본 사찰까지 이어진 개울을 따라 흘러내려 절로 피었다 하니 말이다. 서울에서는 이 꽃무릇 때를 맞추어 보러온다는 게 쉬운 일이 아니었다. 그저 염탐하다 놓치곤 한 게 여러 번, 고창 살이 첫해에 선운사 꽃무릇을 원도 없이 보았다. 마치 새댁이 차려입은 녹의홍상이 나붓나붓 흔들리듯, 짙푸른 융단 위에 여울지는 붉은 물결에 아득해져 꽃 사이를 나비처럼 날았다.

문득, 류종민 시인의 시, 〈상사화〉 한 대목을 떠올린다.

"선운사 낙엽지는 냇가에서/물에 비쳐 어룽이는 그녀

가슴 태우며 스님을 사모하다/죽어 핀 상사화/솟은 대롱에서 꽃만 피어지고 잎 따로 나중 피어/꽃과 잎이 만나지 못하는 서러움"

그 위에 뒹굴어도 괜찮을 것만 같은, 비단처럼 황홀한 붉은 꽃 천지. 시인의 시처럼 안타까운 사랑의 꽃이 끝도 없이 피어난다. 그래선지 꽃대 위 붉은 꽃무릇은 스스로 처연하다. 그렇거나 말거나, 고랑에 한 줄로 선 사람들은 쉼 없이 움직이며 눈으로, 손끝으로 추억의 꽃무릇을 담아 들이기 바쁘다.

 흔히 꽃무릇과 상사화를 같은 꽃이라 여겨 이름을 섞어 부르지만 둘은 엄연히 다른 꽃이다. 꽃무릇은 불꽃처럼 선명한 진홍색에 꽃덮개가 가늘고 긴데다 뒤로 야무지게 말려있다. 멀리서 보면 가느다란 선들이 사방으로 튀는 느낌이다. 마치 족두리 꽃 같아 새색시의 혼례를 연상시키기도 한다. 그런가 하면, 상사화는 연분홍이나 연보라에 노란색도 있다. 백양사나 부안의 위도에서 피는 상사화가 그것이다. 꽃잎이 넓고 깔때기 모양이어서 완만하게 벌어져 피어나는 게 확연히 다르다. 한 송이 한 송이가 통통하고 우아한 인상을 주는 게 얼핏 나리꽃 같기도 하다.

 수술 모양도 다르다. 꽃무릇은 긴 수술이 꽃 밖으로 튀어나와 거미 다리 같은데, 상사화는 수술이 비교적 차분하다. 꽃무릇은 9월, 가을 초입에 피어나고, 상사화는 마음이 급했던지 7, 8월 한여름에 꽃을 올린다. 잎과 꽃의 때도 달라서 꽃무릇은 꽃이 먼저 피고, 이후에 잎이 돋아 겨울을 난다. 상사화는 봄에 잎이 먼저 무성하게 나왔다가 초여름에 사라지고 난 뒤 한여름에 꽃대를 올려 꽃을 피운다.

 그렇다면 선운사의 붉은 꽃은 꽃무릇일까, 상사화일까. 다른 점을 보면 분명 꽃무릇이다. 위의 시인도 헷갈렸는지 선운사 상사화라 노래하고 있는 것을 보면 구분하는 게 어려운 일인가 보다. 하기야 이루지 못할 사랑을 노래할 때면 왠지 상사화라는 이름이 더 애절하여 알아도 짐짓 모른 척했는지도 모를 일이다.

최영미 시인은 「선운사에서」라는 시에서 이렇게 읊었다. "꽃이/피는 건 힘들어도/지는 건 잠깐이더군. −중략− 꽃이/지는 건 쉬워도/잊는 건 한참이더군/영영 한참이더군"

흔들리지 않고 피는 꽃 없다지만, 이 붉은 꽃무릇은 이파리도 없는 꽃대를 올리기 위해 얼마나 안간힘을 썼을까. 산바람에 흔들리고 늦여름 장대비에 숨을 곳이란 없었을 터이니. 그런데도 피워올린 지 얼마 지나지 않아 찬란한 시간은 지나가고 꽃망울은 이내 스러져버린다. 생명 있는 것들의 숙명, 지는 건 실로 잠깐임에도 지금쯤 어김없이, 꽃무릇은 부지런히 꽃대를 밀어 올리고 있으리라.

꽃무릇으로 붉게 물드는 선운사의 뜨락을 보고 싶다. 개울 따라 도솔암까지 이어지는 붉은 행렬을 따라 거닐고 싶다. 잊는 건 한참이던 그리움, 영영 만나지 못하는 애달픔을 안고… 이 가을, 잊지 못해 애달프던 사랑 하나 촛불처럼 켜 들고 붉디붉은 꽃무릇 오솔길로 찬찬히 들어설 일이다.

| 평설 |

手作 秀作 酬酌

박영진 문학평론가
(책이있는풍경 촌장)

"촌장님 알겠습니다, 그렇게 하지요."
『책이있는풍경』을 통해 배공순 작가를 알게 되었다. 그 후 몇 년 동안 인연을 맺어오면서 인문학도서관『책이있는풍경』속으로 깊숙이 들어오셨고, 〈책풍인문학반〉〈책풍그림반〉〈책풍사진반〉 활동을 하면서 촌장이 무언가를 부탁할 때마다 하시는 대답이었다.

알고 보니 서울에서 고위공직자로 정년퇴임을 했고, 넉넉한 인품과 덕망을 가졌음에도 막냇동생 벌인 나에게 끊임없이 배려했고, 때로는 안타까워했으며, 어떤 의논에도 특유의 호쾌함으로 답을 주신 고마운 분이다. 수필집을 꾸린다기에 무모하게 "제가 작가론을 쓸게요."라는 말을 건넸다. 거절하지 못하고 얼마나 황당하셨을까 하는 생각에 멋쩍기만 하다.

《우리 수작할까요》라는 원고를 받고 감히 말하자면, 이렇게 수작인 수필집은 읽어본 적이 없는 듯하여 놀라웠으며 기뻤다. 문학의 기본인 "낯설게 하기"가 적절하게 드러나 있었고, 작가의 섬세함이 숨어 있는 따뜻한 삶을 따라가며 읽는 동안 숨이 막히기도 했다. 무엇보다 작가의 왕성한 관찰과 이런저런 강의를 몰입하여 듣는 자세, 다양한 것을 접하면서 체화된 섬세한 단어, 아름다운 시어, 그리고 해학이 어우러진 수필을 읽으며 흥분을 감출 수 없는 첫 경험을 했다.

원고를 다 읽고 "배 선생님, 다음엔 시를 써보세요."라고 강력히 추천했다. 그것은
흔연스레
즐빗하다
오보록하니
다븟다븟
모기작모기작

거듬거듬
하롱하롱
달여울
무담시
이런 고운 단어들을 수필에서 발견한 기쁨에서였다.

앞치배와 뒤치배
궁글채와 열채
선추, 윤도, 흔적 복원
수작酬酌, 짐작斟酌, 작정酌定, 정상참작情狀參酌

등의 말들이 많은 독서량을 가진 사람에게서 나타나는 깨알 같은 상식과 잘 버무려져 있는 데다, 특유의 질펀한 남도 사투리와도 맞춤하게 잘 섞인 글로 어쩜 이리도 흔연스레 수작을 부리고 있는 자‥

> 옛집에는 닭장이 있었다. 닭은 무리를 지어 몰려다니길 좋아했다. 벼슬 붉은 닭들은 마루에 올라와 곧잘 해찰을 부렸다. "요놈의 달구새끼들! 징허게도 어질르네 잉." 엄마는 머릿수건으로 닭들을 쫓았다. "푸드득 푸드드득" 요란한 날갯짓 소리가 마루에 깃

든 정적을 깨웠다. 저녁을 짓느라 펌프에 마중물을 부어 올리던 해거름이었다. 붉은 달은 고샅 탱자 울타리를 훌쩍 넘어 대문 안으로 들어섰다.

동네를 휘젓고 돌아온 '워리'는 배가 고픈지 부엌 앞을 어슬렁거렸다. 밥솥에서는 밥물이 부글부글 끓어 넘치고 아궁이 잔불에 올린 된장찌개도 바특하게 맛이 올랐다. 엄마는 샛문을 열고 반찬이 놓인 밥상을 안방으로 들였다. 호박잎 쌈과 싱싱한 부추겉절이가 접시에 소복소복했다. "아가, 꼬치 몇깨만 따오니라." 엄마 목소리가 들릴라치면 마당에서 놀던 나는 부리나케 텃밭으로 내달았다.

(중략)

아버지도 강을 거슬러 올라와 송촌마을에 터를 잡았다. 나주평야로 이어진 논들이 드넓게 펼쳐지고 마을로 들어서는 길옆에는 소나무가 푸르렀다. 일곱 살 어린 눈에 텃밭은 하염없이 넓었다. 울타리에 둘러선 감나무와 뽕나무가 우람해서 초가집마저 근사해 보였다.

추수가 끝나는 가을이면 낡은 이엉을 갈아줘야 했다. 아버지는 만능 재주꾼이었다. 볏짚을 엮고 꼬아 반듯한 새 이엉을 지붕에 척척 덮었다. 부엌에는 대나무 살강이 반듯했다. 반질반질한 부뚜막에는 가마솥 두 개가 걸려 있었고 엄마는 아궁이 앞에 앉아 불을 때곤 했다.

— 〈옛집〉

  작가는 〈옛집〉에서 이용악 시인과 우리 시의 전통을 수필로 변용하고 있다. 이용악이 본 일제강점하 유이민流移民이 두고 떠난 고향의 정경("옛집")과 광주 근교의 송촌마을과 첫 직장이었던 임곡의 형세는 많이 닮았다. 그 속에서 백석이 "민족의 주체적 가치를 옹호하고 고수하는 마지막 방법으로" 함경도 토착 방언 같은 모국어를 사용했듯이, 작가는 광주 근교의 정겨운 마을을 삶터의 주체성으로 고양하고 있다. 백석이 쓸모없던 것을 모아 모닥불을 피워올렸듯이 작가 역시 남고 무용해 보이는 것들을 모아 잉걸불을 지펴낸다. 그래서 흘깃 보면 그의 산문적 대상물은 몇십 년 전으로의 젊었을 때의 오롯한 풍경들로, 때로 '우직한 뚝심' 하나로 몰아붙이는 그의 투박한 태도는 세련된 수사 앞에 구식이라 폄하될 수도 있다.
  하지만 작가의 수필은 새롭다. 그 새로움은 그의 '옹골찬 뒷심'에서 발생한다. 그는 흘끗 보고 지나치기 쉬운 대상물에 낮은 자세로 포복해 들어가, 그것의 숨겨진 이면과 지층처럼 축적된 의미를 밝혀낸다. 이러한 장인의 기질에 의해 그동안 쟁여진 대상물은 짱짱하게 빛을 찾고 밍밍해 보이던 대상물조차 새롭게 비상한다. 한편, 한편

정성을 쏟아부으며 일정한 간격을 유지하는 그의 이러한 창작 태도가 놀라울 뿐이다.

> 7년을 살았던 저곳이 J의 고향이란 말인가, 그래서 귀향이라도 했다는 것인가. 가족들과 끝내 섞이지 못해서였나, 보헤미안처럼 떠도는 거리의 자유가 그리웠던가. J는 대체 무슨 생각을 하며 저리 앉아있는 걸까. 요럭조럭 꿰맞춰 봐도 알 수 없는, J의 귀향이 서글퍼 시린 바람 속에 하릴없이 서 있었다.
> – 〈J의 귀향〉

노숙인에 대한 따뜻한 배려와 끈질긴 설득으로 노숙인을 고향으로 보냈지만, 다시 그 자리로 돌아온 J를 보고 "하릴없이 서 있었다."는 시선 속에서 사람에 대한 지독한 사랑을 엿볼 수 있기도 한다. 그 대상들은 때로 그것을 놓치고 사는 우리를 나무라며 포기하지 말라 한다. 유행 일체를 배반하는 뚜렷한 자기중심을 통하여 획득한 이 새로움과 활력 속에서 진정한 실험이 전통과 신경질적으로 등 돌린 것이 아님을 알 수 있다.

최근 잡지들은 특집으로 문학의 절망을 다룬다. 배공순 작가의 수필도 이 시대의 변죽에서 소멸과 진입의 아슬아슬한 곡예를 벌이는 것인가? 그러나 변죽은 생성의 자리이다. 수필은 이 자리에서 문화산업의 교환가치로 평가받는 중심의 경박한 논리와 중심이 결한 반성 능력으로부터의 거리를 유지한다. 전 지구를 재편하고 있는 보편주의에 편입되지 않는 그 특이성 때문에, 변죽은 자신을 되돌아보며 그 진면목을 꽃피울 수 있는 축복의 자리가 된다. 그래서 문학의 위기는 역설적으로 중심의 허구성을 꿰뚫어 보는 축복으로 변절될 수 있다. 문제는 변죽에까지 강한 영향력을 행사하려는 중심의 전형과 버무리는 능력이다. 수필은 중심에 편입되지 않으면서도 소멸하지 않으려는 소외와 진입의 변증법을 통해 그 압박 속의 길 찾기를 해나가야만 한다는 강력한 메시지를 쓰고 있다. 여기에 작가가 대상물에 쏟는 태도는 그 길 찾기에 대한 명확하고도 어려운 실마리를 제공한다고 생각한다.

    올다리 아래 산설이 녹으면 아지랑이를 따라 봄이 왔다. 아버지와 나는 서둘러 꽃밭에 씨를 뿌렸다. 사내아이처럼 마을을 휘젓고 다니며 놀았어도 감성은 여렸다. 봄비가 내리고 난 뒤 부드러워진 땅을 밀고 새싹들이 고개를 쏙쏙 내밀었다. 아버지와 나란히 꽃밭 가에 앉아서 봉숭아네, 채송화네, 아니 맨드라미야! 서로 이름을 맞추느라 우기며 봄 한때를 즐겼다.

– 〈그립다, 어린시절〉

    누구에게나 자기 자신과의 무모하고도 치기 어린 약속 없이는 견디기 힘든, 인생의 어느 한 시절이 있다. 그것을 견디는 힘은 어린 시절을 추억하며, 혹은 아버지의 큰 그림자를 배우며, 어머니의 끝 간 데없는 자애를 통해 극복하고 성장하게 마련이다. 이제는 닳고 닳은 수사가 되어버린 팔십년대지만. 이것도 저것도 할 수 없었던 그 한 시절을 우리는 시골집의 추억에 깃들어있는 봉숭아, 채송화, 맨드라미 속의 봄날 속에서 감성은 피어났으리라.

    그때‥ 배공순 작가에겐 시골집이 있었다. 그리고 마당 가의 수많은 자연과 한 약속 중에서 언어를 분해 사유하고, 글을 통해 현실과 만나고자 했던 스무 살의 빛나는 각서가 놓여 있었다. 분명 작가는 수필을 쓰는 사람이 되고 싶었을 게다. 이런 욕망, 혹은 맹세만이 암울한 현실 앞에 선 작가의 실존을 의연하게 해줄 수 있었다.

    세월은 흘렀고, 많은 약속은 흩어져버렸고 첫 직장의 아련함이 묻어있는 임곡역은 폐역이 되어버렸다. 그러나 작가는 지금 수필가가 되어 그의 수필 세계에 깊숙이 끌어들였고(아니, 우리가 들어갔고), 이 작품을 읽는 내내 우리 인생 깊은 곳에 잠겨있는 아늑한 추억을 소환하는 마법을 불러일으킨다. 작가의 수필은 아픈 현실과 아름다운 글의 힘을 함께 보여 준다. 그리고 이런 역설의 진실을 낭만으로 붙잡아 두면서 글을 통해 절망과 희망, 좌절과 극복의 드라마틱한 과정을 세심히 보여 준다.

한편으론 아픔이나 꿈을 과장하거나 혹은 축소하지 않기 위해 정직함 역시 필요한 덕목이었다. 하여 "자극적이지 않으면서 시원하며 은근히 톡 쏘는 맛," 동치미를 좋아하는 것처럼 작가는 언어화된 텍스트를 정확히 읽고 사물을 바라보며 해석하는 데 탁월함을 작품에서 보여 주고 있다.

배공순 작가는 발바닥이 뜨겁도록 뛰어다니며 사물을 바라보고 사색했을 것이다. 하지만 더 귀하게 다가오는 것은 현실에의 충실성이다. 매 순간 최선을 다하는 것은 물론, 사람과의 관계에서도 먼저 배려하고 하나라도 더 얻기 위하여 문학, 사진, 그림 인문학을 들으며 익히며 자신 것으로 만든 수고로 이 역작이 탄생한 것이다.

이런 심오한 마음의 자락에서 나온 이 수필집은 그래서 귀한 잠언서 같으며, 어쩌면 수필이란 작가의 '분신'이라는 주장에 걸맞은 책이 〈우리, 수작할까요〉이다. 더 나아가 온몸으로 글을 영위했기에 미와 진실의 순수한 표현이 담긴 글로 승화되었다. 젊은 시절 서울로 올라갈 수밖에 없는 글에서 드러나는 서글픔이 지닌 순수 서정의 세계, 이것은 아름다움이라든가 진실로서 작가의 시선은 한낱 돌덩이 모양의 관념성으로 화석화되지 않는다. 작품을 통해 서정적인 목소리는 더욱 굵어졌으며, 전체를 흐르는 글항아리 속에 분명 서정적인 수필가로서의 표징이 걸려 있음을 볼 수 있다.

    젊은 시절 좀 더 용기를 내지 못했음에 대한 회한이 서려 있었고 내 마음도 아릿했다. 붉은빛 고즈넉한 궁을 적시며 여전히 비가 내린다. 쭉쭉 뻗은 사이프러스 나무가 아름다운 정원을 지나 플라타너스 푸르른 길로 들어선다. 두 갈래 길을 다 가지 못하는 안타까움을 노래한 〈가지 않은 길〉을 생각한다. 선택한 길이 아닌 다른 숲길을 걸었더라면 나는 어떤 삶을 살고 있을까
    아직도 물결치는 알람브라궁의 추억, 그 마지막 선율이 흐르고 있다.
                                   - 〈알람브라궁의 추억〉

    벚꽃 망울이 톡, 톡 꽃잎을 열기 시작했다. 홍가시나무 빨간 새순은 봄볕에 반짝이고, 오롱조롱 발그레한 사과 꽃망울도 터질 듯 부풀었다. 생생한 수런거림이 날아든….
                                       - 〈연둣빛 새순〉

이 인용문에는 흔치 않은 친근함이 있다. 거기엔 독자 저마다 가슴에 품은 사랑이 숨겨져 있지 않았던가. 첫사랑 말이다. 첫사랑. 두 번째 사랑. 그리고 끝 사랑. 이런 사랑을 해보지 않은 사람이 세상엔 없는 법. 어째서 그러한가. 사랑이란 것을 잠시 음미해보면 그 해답이 나온다. '나'를 뺀 세상 모든 것이 타자라는 것. 타자란 또 무엇인가. 세계가 아닐 것인가. 아주 단순 명쾌한 자리에서 보는 세계란 무엇인가. 세계란 내가 지금 여기 있다는 의식을 중심으로 해서 공간적으로는 여기, 저기보다 먼 곳 등의 상하, 좌우, 전후의 지평에, 시간적으로는 썩 먼, 저, 저번, 지금, 그다음, 아주 뒤 등 전후 두 방향의 지평으로 넓혀지고 이어진다. 그것들이 하나의 세계로서 '나'에게 이어지는데 이 이어지고 넓혀진 저쪽은 나에겐 원리적으로는 '미지'(아직 모르는 것)이지만, 그러나 그것은 분명히 존재하는 것으로 이어져 있다고 느껴진다.

말을 바꾸면 공간, 시간 지평의 확대, 그 유일, 동일성. 그것이 원리적으로는 미지성味知性을 갖는다는 것. 이처럼 미지의 부분이 확실히 존재한다는 확신, 이것이 작가의 '자연적 세계상'의 첫 번째 특징이다.

그다음은 어떠한가. 이 세계는 나에게 하나의 단순한 사상세계 事象世界로서 존재함이 아니라. 가치 세계, 재화財貨 세계, 실천 세계로서도 존재한다는 것. 그러니까 자연적 세계상이란 물리적 존재가 아니라 여러 가지 가치와 상상력을 머금은 까닭에, 실천적 활동의 대상으로 존재한다는 것. 끝으로 중요한 것은 이러한 자연 존재, 가치 존재로서의 유일한 세계 속에 나는 나와 같은 마음을 가진 타자들과 더불어 존재한다는 확신이 있다는 점인데,

 작가의 이러한 상식이 놓인 자리가 바로 이원론적 사고 틀인 주관/객관 도식이다. 저기 꽃이 있다. 내가 그 꽃을 보고. 아 꽃이 저기 있다고 느낀다. 과연 실제로 그 꽃이 거기 있는 것일까. 어쩌면 그것은 내 마음이 만든 허상이 아닐까. 이 문제만큼 여러 민첩한 사람들을 괴롭힌 것은 많지 않을 터. 데카르트, 칸트, 헤겔 등이 온 정성을 쏟아 이 문제에 매달렸던 것만 보아도 알 수 있는 일이다. 과연 주관/ 객관은 일치되는 것인가. 인식과 대상이란 무엇인가를 묻고 이 난문을 뚫고자 한 현상학의 대가처럼 내게는 다가오는 듯하다.

> 이제 그 자리에 뽕뽕다리는 없다. 근처에 평동산단이 생기면서 견고한 '장록교'가 지어졌고 많은 사람과 차가 오간다. 하지만, 유년의 뽕뽕다리는 여전히 내 시간의 강물 위에 놓여 있다.
>   - 〈뽕뽕다리〉

작가는 눈앞에 '뽕뽕다리'가 있다고 한다. 그 '뽕뽕다리'를 건너고자 하였으나 일상적 태도에서 벗어나 엄밀히 따져보면 기묘한 문제가 생기게 마련이다. 시방 내가 보고 있는 것은 나의 눈에 비친 '뽕뽕다리'상(인식으로서의 '뽕뽕다리')이 되는 것이다. 이때 그 상은 자신이 건널 것으로 생각되는 '뽕뽕다리'이니 이 얼마나 자연스러운 현상인가. 그러나 여기서 난관이 생긴다.

인식으로서의 '뽕뽕다리'와 대상으로서의 '뽕뽕다리'가 동일한 것이라는 보증은 대체 어디에 있단 말인가. 이 이원론 사고는 논리적으로 생각하는 한 그 누구도 원리적으로 이 '일치'를 확증할 수 없다는 것, 이것이 현상학이 제기한 근본 문제이다. 설마라고 할지 모르지만 실상 후설 말대로 '나는 생각한다. 고로 존재한다'가 이를 웅변으로 말해놓았으며 칸트도 헤겔도 이 난문에 매달렸던 것을 우리는 잘 알고 있을 터다. 그중 헤겔의 방식이 썩 그럴싸한데 작가는 어떤 생각인지 궁금하기도 하다. 지금은 없어진 '뽕뽕나리'의 추억을 통해 작가는 '자연적 세계상'에 익숙해 있음을 볼 수 있다.

> 자박자박 함께 걸어온 사십 년 인생길, 더 깊고 따뜻해진 남편의 눈길에 시간의 흔적이 녹아있다. 거실로 드는 햇살을 등에 지고 신문을 뒤적이는 남편 옆에서 섬초를 다듬는다. 너울가지 없는

싱거운 사람이지만, 별스럽지 않은 내 말에 헤벌쭉 웃곤 하니 이것이 부부의 연이던가.

    같이 가자던 목소리에 홀리듯 찻집으로 들어간 첫걸음. 그게 한평생을 같이 걷는 대장정의 시작이었음을 그때는 알지 못했다. 그러므로 삶이란 오묘한 것이려니.

- 〈같이 갑시다〉

이 글에서 작가는 삶을 관조하며 자유 현상에 몸을 맡기고 있는데 무의미한 자연현상이 굽이치고 또 굽이치고 나면 한편의 초고가 이어진다. 그다음 작가의 의도(의식)가 초고에 개입되기에 모든 인생을 바라보는 의식과 의식의 긴장 관계에서 한 편의 수필이 탄생한다.

    현실을 일단 폐허로 만들어놓고, 의미의 세계(말)를 부수어 분말로 만들기, 또 그 분말을 어디론가로 날려버리기. 말(세계)이 가루가 되어 날아간 그 구멍으로 보이는 것은, 과연 무엇일까. 그것은, 색깔인가 소리인가.

    이 물음 앞에 작가는 정면으로 맞서고 있다. 이번엔 그의 의식 속에서 저 흄이나 엘리엇은 가뭇없이 사라지고, 의식은 새로운 타성에 젖어가기 시작하는데 엘리엇 대신 하이데거가 들어서고 있다.

    하이데거의 제일 민첩한 점을 작가는 나름대로 파악하고 있으며 무엇보다 '나'가 '존재'로 나아갈 수 없다는 사실이 그것. 존재 쪽이 '나에게로 와야 한다는 점이 그것. 우리가 보고 듣고 말하는 것은 언제나 어떤 무엇이기에 이를 치우지 않으면 존재를 만날 수 없는데 이를 치우는 일이야말로 난제 중의 난제인 셈. '것'인 '나'가 어떻게 '것'(나)을 치우는가. 불가능하기만 하다. 존재 쪽에서 '나에게 다가올 수밖에. '나에게 다가온 존재, 그것을 저자는 이른바 '삶이란 오묘한 것이려니'라 표현하고 있는데 그것도, '헤벌쭉 웃곤 하는' 아름다움으로…:

 더 나아가 말이 사라지고 뻥 뚫린 그 구멍으로 바라다보이는 것은 빛깔인가? 소리인가? 아마 작가는 이미 그런 세계에 도달했음을 이 책을 통해 알 수 있다.

 빛깔이란 무엇인가? 존재의 빛깔이다. 소리란 무엇인가? 존재의 소리임을 나는 배공순 작가의 더없이 맑은소리와 빛깔로 빚어낸 이 수필집 《우리 수작할까요》를 통해 배웠음을 고백한다.

 일찍이 시인이나 수필가가 되고 싶었지만 뜻을 이루지 못하고 나는 아주 자주, 시인의 마음이 되어 시를 읽고 수필가의 마음이 되어 수필을 읽는다. 수필가가 부리는 언어 하나하나에 마음이 쓰이고 비유 하나를 만들기 위한 작가의 고통이 상상되곤 한다. 그 언어를 부리는 결과로 자신의 상처를 매만지고 글을 빛나게 한다.

작가는 스무 살 적에는 문학을 꿈꾸는 소녀였을 테고, 이제는 너무 멀리 와버렸나, 돌아보며 글 집 한 채를 가지려 한다. 그 시대와 시절마다의 세상 표정을 담고 있는 글들을 보면서 한없는 존경을 담아 보낸다. 첫 수필집이 좋은 글을 골라 집을 지으려는 우공愚公의 굼뜬 성실함으로 읽히기를 감히, 아주 간절히 기대하는 마음으로.

배공순 작가가 그 온정 세계의 시선에서 手作으로 시작하여 빼어나게 빚어 세심한 秀作으로 거듭났기에 책과 문학이, 세상을 이길 힘과 견디게 하는 근력을 줄 것이라는 酬酌을 농밀하게 부려보자.

| 발문 |

인간에 대한 따듯한 연민

전만성(미술작가)

　배공순 님을 처음 본 것은 「책이있는풍경」 미술반에서였다. 배공순 님이 그림을 그리고자 미술반에 들어온 거였다. 박영진 촌장의 소개에 의하면 서울에서 공직생활을 하다가 퇴직을 하고 고창으로 내려와 새로운 일을 시작했다고 했다. 푸근한 얼굴이 인상적이었으나 부드러운 카리스마가 느껴졌다. 얼핏 보기에도 수용하고 감내하면서도 창의적인 생각을 가진, 모범 공무원이었을 것 같았다. 박영진 촌장도 나와 같은 인상을 받아서였을까. 배공순 님을 미술반장으로 추천하였다. 그렇게 하여 배공순 님은 미술반장이 되었고 반장으로서 반원을 이끌고 있다. 이끌고 있다는 표현이 맞는 것이 배공순 님은 언제나 솔선하여 모범을 보인다.

　지난해 봄에 미술 공부를 시작하자마자 연말 전시회를 하게 되었다. 처음 해보는 일일 텐데도 반원들의 프로필과 도록을 준비하고 그림 전체를 모아 서울 인사동에 있는 스튜디오로 보내 촬영을 진행했다. 액자를 제작하고 전시장에 걸어 관람객의 호평을 받기까지, 일련의 과정을 반원들을 아우르며 성공적으로 해냈다. 무슨 일이든 마다하지 않고 수용하고 진행하여 결국 무사히 일을 마치는 걸 보니, 결과적으로 내가 느낀 인상이 맞았던 것이다.

한 번은 배공순 님이 다홍색 외투를 입고 그림 그리러 나온 적이 있다. 누가 보아도 외출복이었고 그림 그릴 때 입는 복장 같지는 않았는데 그림 그리는 날에 화려한 외투를 입고 그림 그리는 방에 시간에 맞춰 나타난 거였다. 눈길이 확 쏠려 다시 보아도 분명 보통 사람이 입기에는 부담스러울 만큼 고운 색이었고 화사했다. 그런데 잘 어울렸다. 꽃같이 밝고 아름다웠다. 아주 소박한 것과 아주 세련된 것은 같은 것인가 보다. 하는 생각을 그때 하였다. 그런데 하는 소리가 "오늘은 그림을 못 그리니 용서해 주세요. 서울에서 같이 일하던 선배들이 오기로 해서요." 하는 것 아닌가! 서운한 마음보다는 '아! 이 이는 직장의 선배들로부터도 사랑을 받는구나! 하는 생각이 들면서 문득 '나는?' 하고 돌아보게 되었다. 외로움 같은 것이 스쳐 지나갔다.

실제로 배공순 님은 아주 소박한 사람이라는 것을 그림을 그리면서 종종 느꼈다. 주로 꽃을 그리고자 하였는데 꽃 중에서도 단독으로 피어 자태를 자랑하는 꽃이 아니라 무리 지어 피는 코스모스나 금계국, 접시꽃, 호박꽃 같은 것을 그렸다. 그림이 되는 소재는 곧 그림을 그리는 사람을 뜻하기 때문에 그가 소박한 사람이라는 것을 알 수 있었다. 시어머니에게 드리고픈 마음의 꽃다발을 그릴 때는 그림을 그리기도 전에 눈물부터 그렁그렁하였다. 일반적인 경우와는 달라서 의아하게 생각을 했었는데 그가 왜 시어머니를 생각하면 눈물부터 나는 지가 책 속에 상세히 나와 있다.

박영진 촌장이 배공순 님을 소개하기를 수필가라 했다. 본인 스스로는 말하지 않으니 얘기한다면서, 그냥 글 좀 쓰니 하는 말인가 보다. 했다. 내가 그러하니 다른 사람도 그러한 줄 알았던 것이다. 그런데 글을 부탁하면서 보내온 원고를 보고 깜짝 놀랐다. 이것이 진정한 수필이구나! 감탄을 금하지 못했다. 아직 제대로 된 수필을 읽어보지 못했다는 부끄러움에 사로잡혔다. 그리고 단숨에 읽었다.

배공순 님의 첫 수필집 〈우리, 수작할까요〉는 40편의 짤막한 글이 4부로 나뉘어 구성되어 있다. 읽다 보면 배공순 님이 지나온 길, 살아 낸 삶이 고스란히 보이며 배공순이라는 사람이 어떤 사람인가가 선명히 그려진다. 그가 나에게 글을 부탁했을 때 자신이 서지 않아 "한 번 형상화해보겠습니다." 하고 얼버무렸는데 수필을 읽다 보면 너무도 선명히 그가 그려져 괜한 걱정을 했구나. 하는 생각이 들기도 한다.

그의 관심사는 폭넓다. 우리 전통문화에서부터 우리 사회 작금의 문제까지 자세히 들여다보고 진단한다. 특히 음식과 고향을 이야기할 때는 내가 좋아하는 소설가 박완서 선생과 겹쳐지면서 그가 얼마나 알뜰살뜰한 주부로서도 손색없이 살았는지, 얼마나 사랑받는 따뜻한 가정의 딸이었는지, 어리고 순수한 남학생들이 선망하는 소녀였는지를 손에 잡힐 듯이 훤히 알게 된다.

그의 글을 읽으면서 서너 번 눈물을 흘렸던 것 같다. 남편이 좌절하여 힘들어할 때 일으켜 세우는 아내로서 그를 보았을 때, 시어머니와 거리를 두지 않고 친구가 되어 인생 선배로 섬길 때, 사랑받은 딸로서 엄마와 아버지를 그리워할 때, 실직한 남성들에게 재취업의 기회를 만들어 주고자 공무원으로서 동분서주 애쓰는 그를 보았을 때, 같은 인간으로 공감하는 눈물이 흘러내렸다. 무엇보다도 배공순 님의 글에는 인간에 대한 따뜻한 연민과 사랑, 신뢰가 있어 읽는 나의 마음을 어루만져 주었다.

"왜 나에게 글을 부탁하셨어요? 나는 글 쓰는 사람도 아닌데" 하고 점심을 먹는 자리에서 그에게 물어보았다. 글쓰기란 정말 힘들어서 이제 그만 써야겠다고 생각하였으나 또 그만둘 수도 없는 게 글쓰기였다. 늘 뭔가를 토해내야 하도록 생각이 고이곤 하였다. 그도 나와 같은 것인가. 그의 글쓰기에 대한 고뇌의 흔적도 《우리 수작할까요》에 그대로 배어있다. 글이란 단순히 문장의 나열이 아니라 깊은 사유의 끝에서 길어 올려야 한다는 것을 그는 말하고 있다. 내 물음에 "인연이죠."라고 답했다. 나에게 글쓰기를 부탁한 것이 고창에서 일군 귀한 인연 때문이라는 거였다.

나는 이 글을 그와의 인연의 끈이 더욱더 견고해지기를 바라는 마음으로 쓴다. 그의 글을 읽으면서 그가 더욱 소중해졌으며 그와 더욱 가까이 친밀하게 지내고 싶어졌다. 배공순 님과의 오랜 동행을 소망한다. 끝으로 그의 첫 번째 수필집《우리, 수작할까요》출간을 진심으로 축하드린다.

배공순 수필집

우리, 수작할까요

인 쇄 2025년 9월 19일
발 행 2025년 9월 25일

지은이 배공순
발행인 서정환
펴낸곳 수필과비평사
주 소 서울시 종로구 삼일대로 32길 36(익선동 30-6 운현신화타워) 305호
전 화 (02) 3675-3885 (063) 275-4000・0484
팩 스 (063) 274-3131
이메일 essay321@hanmail.net
출판등록 제300-2013-133호
인쇄・제본 신아출판사

저작권자 ⓒ 2025, 배공순
이 책의 저작권은 저자에게 있습니다.
서면에 의한 저자의 허락없이 내용의 일부를 인용하거나 발췌하는 것을 금합니다.
COPYRIGHT ⓒ 2025, by Bae Gongsun
All right reserved including the rights of reproduction in whole or in part in any form.
저자와 협의, 인지는 생략합니다.
잘못된 책은 바꿔 드립니다.

ISBN 979-11-5933-591-4 (03810)

값 13,000원

Printed in KOREA